W0183608

Cómo *hacer*

BACCO

Raffaella Carrà

LAS RECETAS DE RAFFAELLA

Traducción de Teresa Clavel

EDICIONES B
GRUPO ZETA

Título original:
Le ricette di Raffaella

Traducción:
Teresa Clavel

1.ª edición: diciembre 1992
1.ª reimpresión: enero 1993
2.ª reimpresión: enero 1993
3.ª reimpresión: enero 1993
4.ª reimpresión: febrero 1993
5.ª reimpresión: febrero 1993
6.ª reimpresión: marzo 1993
7.ª reimpresión: marzo 1993
8.ª reimpresión: marzo 1993

La presente edición es propiedad de Ediciones B, S.A.
Calle Rocafort, 104 - 08015 Barcelona (España)

© Raffaella Carrà, 1992
© Para la edición en castellano, Ediciones B, S.A., 1992

Printed in Spain
ISBN: 84-406-3305-X
Depósito legal: CO. 490-1993

Impreso por GRAFICROMO, S.A.
Polígono industrial Las Quemadas (Córdoba)

Diseño cubierta:
Estudio EDICIONES B

Sumario

IX INTRODUCCIÓN

XI Las reglas del juego
XIII Reflexiones
XVII Ejemplo de alimentación de un día normal

1 PLATOS A BASE DE HIDRATOS DE CARBONO

3 Primeros platos
67 Pizzas

85 PLATOS «COMODÍN»

107 *El tentempié de mediodía*

109 PLATOS A BASE DE PROTEÍNAS

111 Carnes y guarniciones de verduras
173 Pescados
211 Huevos

223 ÍNDICE DE LAS RECETAS

229 NOTAS PERSONALES

Las recetas de Raffaella

ZELER

Introducción

¡Qué graciosa es la vida!
La gente, que siempre descubre cosas en mí, este año se ha fijado en mi forma física.
Todo el mundo me ha encontrado más ágil, más luminosa, más bella, más alegre, más dispuesta a «jugar» con la ironía y la autoironía. Y he oído que todos, hombres y mujeres, me decían: «Pero ¿qué has hecho para estar tan en forma?»
Así fue como, de pronto, me encontré contando pacientemente centenares de veces la misma historia, escribiendo en papelitos la misma dieta recién descubierta y hasta inventándome recetas para demostrar que, con una pizca de imaginación, resulta posible seguir un régimen alimentario de forma constante.
En resumen, un segundo trabajo... Al final, cansada de tanto repetirlo, me decidí a escribir este libro.
La dieta que he seguido no es una novedad, pero sí lo son las doscientas recetas que, con inagotable paciencia y con la ayuda de mis dos cocineras, Miriam y Luigina, he «confeccionado» y experimentado, día a día, durante casi un año.

Todo empezó así...

Estaba de vacaciones, disfrutando de los Mundiales de fútbol y obsesionada por la báscula, cuyas inexorables respuestas a los excesos de la buena vida «vacacional» eran más que previsibles. Porque en toda mi vida jamás había encontrado un justo equilibrio en lo relacionado con la comida: comía de todo y a placer cuando tenía tiempo libre, para después imponerme una férrea dieta cada vez que mi trabajo me obligaba a colocarme ante las cámaras de televisión o a realizar una gira.

Para mí, psicológicamente no había nada peor que encontrarme delante del acostumbrado filetito a la plancha pesado al gramo. Soy de la región de Emilia Romaña, me gusta la buena mesa y una suculenta comida con amigos constituye una fiesta a la que ni sé renunciar ni quiero hacerlo. Además, resulta muy triste estar sentado a la mesa con los demás y decir: «Estoy a régimen.» Con mis recetas, ni siquiera quien no está a régimen se dará cuenta de que lo está haciendo, y al final de la comida se felicitará por tan excelente y variado menú. ¡Un gran éxito para el ama de casa! Fue un amigo quien me dio la «clave» para descubrir este nuevo vínculo con la alimentación, que permite adelgazar comiendo aunque vayas a un restaurante o una pizzería. Resultado: este verano he adelgazado cinco kilos con alegría.

Las reglas del juego

1. **Eliminar:** vino, licores, azúcar y dulces (estos últimos, como veremos, no del todo).

2. **No mezclar nunca:** hidratos de carbono y proteínas.

   Comidas que contienen hidratos de carbono:
   Pan, crackers, grisines, pasta, arroz (integral o no), pizza, patatas y maíz.

   Comidas que contienen proteínas:
   Carne, pescado, huevos, leche, jamón, cecina, queso, mantequilla y embutidos.

3. Si se evitan estas mezclas, la cantidad de comida puede ser ilimitada. Naturalmente, si un día no tenéis mucha hambre, aprovechad la ocasión: adelgazaréis más deprisa.

4. Las legumbres (habichuelas, garbanzos, lentejas y habas secas) hay que comerlas con moderación y una vez alcanzado el peso ideal. Lo mismo cabe decir en lo referente a los frutos secos y los plátanos.

5. La fruta debe ingerirse siempre como mínimo dos horas antes o después de las comidas.

6. La pimienta y la guindilla son facultativas; si no os gustan, no las utilicéis.

7. Sorpresa: antes de las ocho de la mañana *(límite improrrogable)* se puede tomar un suculento desayuno con pastas, azúcar, pan, mantequilla, mermelada, fruta, café, huevos, jamón, yogur, chocolate..., en resumen, **todo lo prohibido.**
Es fundamental acabar el desayuno antes de las ocho de la mañana.

NOTA: Si bien es cierto que comiendo menos se adelgaza, también lo es que un régimen demasiado estricto cansa y, por lo tanto, se interrumpe con facilidad. En cambio, este nuevo modo de alimentarse permite comer hasta la saciedad desde el primer día, evitando las clásicas insatisfacciones producidas por el régimen. Llevad cuidado y disminuid la cantidad de comida sólo si no tenéis mucho apetito.

Reflexiones

Desde siempre, mi amiga-enemiga ha sido la báscula. Sin embargo, haciendo un gran esfuerzo siempre he encontrado valor para pesarme todas las mañanas. Una regla que todos deberían cumplir, aun cuando teman lo «peor».
En realidad, tras las dos primeras semanas de dieta no experimenté mucha satisfacción desde el punto de vista de la «pérdida de peso». Pero, poco después, la aguja de la báscula empezó por fin a descender a razón de un kilo a la semana. Tanto es así que, como ya he dicho, tras dos meses había perdido, sin hacer ningún esfuerzo y comiendo hasta la saciedad, cinco kilos que no he vuelto a recuperar. ¿Un ejemplo de comida para mediodía? Un plato de *crudités* (verduras crudas), uno de ensalada mixta aliñada con sal, aceite y vinagre, dos grandes platos de pasta con dos salsas diferentes, verduras hervidas y pan a voluntad, preferiblemente integral.
Para mí, el éxito de este tipo de alimentación reside en la libertad de elección. Sé que puedo comer todos los días cuanto quiero, por lo que aprovecho el momento en que tengo menos apetito para comer menos y adelgazar más. Así, al día siguiente puedo comer la cantidad que me apetezca sin engordar ni un gramo. Por eso insisto en decir que no vale la pena sacrificarse mucho al empezar lo que más tarde se convertirá en un hábito alimentario. De hecho, desde el principio se adelgaza comiendo a voluntad. Por lo tanto, para hacer que la aguja de la báscula baje con más rapidez, basta esperar el momento en que se tienen menos ganas de comer.
Las doscientas recetas de este libro permiten que no tengáis que devanaros los sesos, como he hecho yo, para preparar comidas y cenas gustosas y rápidas de realizar.

He intentado utilizar ingredientes fáciles de encontrar, que no sean demasiado sofisticados y caros, ya que este libro debería ser vuestro compañero inseparable. Además, la variedad de los menús constituye un estímulo para perseverar en la dieta sin transgredirla demasiado. Personalmente, prefiero comer platos a base de hidratos de carbono a mediodía y dejar los que contienen proteínas para la cena. Se adelgaza con más regularidad, sin privarse de ningún principio nutritivo a lo largo del día. Este sistema no os obligará a cocinar platos diferentes para el resto de la familia.

Las once de la mañana y las cinco de la tarde son horas peligrosas, especialmente para quien trabaja en una oficina o un lugar donde resulta difícil encontrar fruta fresca o verdura. El apetito gasta bromas pesadas, induciéndonos tal vez a devorar crackers, frutos secos o biscottes, muy perjudiciales por ser hipercalóricos. Para evitar esta clase de tentaciones, yo siempre tengo fruta ya lavada en el plató o en el camerino. A falta de ello, pedid que os traigan del bar un café o un té con sacarina, un batido de fruta con agua en vez de leche o verdura licuada.

Para mí, otro momento delicado es cuando me siento a la mesa. Por eso siempre inicio la comida y la cena con *crudités* y ensaladas, que atenúan la sensación de apetito. Esta técnica la utilizo a diario.

Acompaño las comidas con agua mineral, ligeramente gasificada, y a lo largo del día bebo una cantidad normal. Después de comer suelo tomar una taza de café con sacarina, y me permito alguna más durante el día sólo si siento necesidad o me invitan a tomar algo en un bar.

Únicamente bebo leche cuando no ingiero ningún tipo de hidratos de carbono, y evito bebidas envasadas, excepto las que no contienen azúcar.

Hasta ahora no os he hablado de la actividad física. En mi caso, dado el trabajo que realizo podría pensarse que ésta es intensísima. Sin embargo, desde hace algún tiempo ya no es así. En realidad, teniendo en cuenta que he abandonado casi por completo la danza, ahora ya no me someto a las seis horas diarias de ensayo. En consecuencia, el tiempo que dedico a la gimnasia podría ser similar al vuestro.

Asistir con regularidad a clases de gimnasia sería lo ideal. Pero si no se puede, como en mi caso, resulta útil ir al gimnasio por lo menos dos veces a la semana. También voy de vez en cuando a la sauna y a que me hagan un masaje manual para tonificar los músculos. Por último, subo siempre las escaleras a pie e intento caminar, aparcando el coche a cierta distancia del lugar al que voy o no cogiéndolo.

En conclusión, comer correctamente, sin frustraciones provocadas por un régimen, hacer un poco de ejercicio y practicar algún deporte me ha rejuvenecido interiormente, tanto en el humor y la disponibilidad hacia los demás, como en el hecho de aceptar mejor mis defectos y con mayor serenidad mis años. Pero también me ha rejuvenecido exteriormente: no sólo he observado que mi piel es más transparente y luminosa, y mi cabello más sano y brillante, sino que además disfruto con mayor serenidad del descanso nocturno.

Si pensáis que todo esto sólo va dirigido a las mujeres, os equivocáis, pues los hombres que me han acompañado en esta aventura han sido mucho más disciplinados, sobre todo en lo que se refiere al desayuno realizado antes de las ocho de la mañana. Muchas de mis amigas, al infringir esta norma, han perdido tres kilos y se han quedado ahí. En cambio, mis «conejillos de Indias» del sexo masculino han llegado a adelgazar hasta nueve kilos.

Con este libro no pretendo ni sentar cátedra ni criticar otros métodos de adelgazamiento (hay muchísimos y muy buenos) propuestos, como es lógico, por médicos y dietistas.

Lo he escrito con el espíritu de una amiga que desea contar una experiencia, la propia, que no obra milagros, pero tampoco constituye un suplicio. Tomadla tal como es: una pequeña contribución por parte de quien, desde hace más de un año, ha encontrado su equilibrio alimentario y se siente satisfecha con él.

Buen provecho.

EJEMPLO DE ALIMENTACIÓN DE UN DÍA NORMAL

7,30 horas:	Desayuno completo, con pastas, café o té azucarados, leche, pan, mantequilla, mermelada, fruta, etc.
	o bien:
de las 8 a las 11 horas:	Una pieza de fruta, té o café endulzados con sacarina y leche.
13 horas:	Ensalada o verduras crudas o verduras hervidas; dos platos a elegir entre las recetas a base de hidratos de carbono (por ejemplo, un gran plato de espaguetis y otro de arroz); pan, preferiblemente integral, acompañando todos los platos; un plato «comodín», es decir, una guarnición de verduras hervidas o crudas; agua mineral; café con sacarina.
20,30 horas:	Ensalada aliñada con aceite, sal y vinagre o limón; verduras crudas; verduras cocidas; un plato «comodín»; dos o tres platos a base de proteínas; agua mineral; café con sacarina. El pan está absolutamente prohibido. Si se desea, se puede repetir un menú a base de hidratos de carbono.

NOTA: La fruta hay que comerla como mínimo dos horas antes o después de cada comida (desayuno, comida y cena), teniendo en cuenta que entre una y otra deben transcurrir por lo menos cuatro horas.

PLATOS A BASE DE HIDRATOS DE CARBONO

Si queréis, en las dos comidas principales del día podéis saborear estos apetitosos platos en la cantidad deseada, acompañados de pan. Sin embargo, yo he adelgazado más degustándolos sólo en la comida, no en la cena, y limitando la cantidad el día que tenía menos apetito. Poco a poco, el apetito disminuye automáticamente.

Primeros platos

3

Bombolotti al Turiddu

INGREDIENTES para 4 personas: 400 g de bombolotti • 300 g de tomates pelados • 1 kg de brécoles • 1 cebolla pequeña • 1 diente de ajo • aceite de oliva virgen extra • sal • guindilla

– Limpiar, lavar y cortar a rodajas los brécoles.
– Pelar la cebolla y el ajo y dorarlos con un buen chorro de aceite en una cazuela. El ajo entero y la cebolla picada.
– Cuando estén dorados, añadir el tomate y cocer a fuego medio durante unos 20 minutos.
– Una vez cocido, retirar el ajo y añadir los brécoles. Salar un poco y cocer a fuego medio durante unos 10 min. Si es necesario, añadir un poco de agua.
– Salar e incorporar un trocito de guindilla.
– Echar los bombolotti en una olla con agua salada hirviendo. Cuando estén «al dente», escurrirlos y mezclarlos en un recipiente hondo con la salsa de brécol. El plato ya está listo para servirlo.

Conchiglie con salsa de apio

INGREDIENTES para 4 personas: 400 g de conchiglie • 1 kg de tomates pelados y troceados • 1/2 rama de apio • 1 manojo de albahaca • 1 ramita de romero • aceite de oliva virgen extra • sal • pimienta • (una gasa)

– Verter un chorro de aceite en una cazuela con el apio lavado y cortado a trocitos, los tomates también troceados, la albahaca limpia y el romero lavado y metido en una bolsita de gasa.

– Salpimentar y dejar cocer aproximadamente 1 hora a fuego muy lento.

– Echar las conchiglie en una olla con agua salada hirviendo y, cuando estén «al dente», escurrirlas. Ponerlas en un recipiente hondo, añadir la salsa de apio, mezclarlo bien y... buen provecho.

Conchiglie con brécoles

INGREDIENTES para 4 personas: 400 g de conchiglie • 1 kg de brécoles • 2 dientes de ajo • aceite de oliva virgen extra • sal • pimienta

– Pelar el ajo.
– Limpiar los brécoles, cortando el tronco y dejando sólo la parte tierna. Después de lavarlos bien, echarlos en una cazuela con agua salada hirviendo y dejarlos cocer durante unos 15 minutos.
– Escurrirlos bien y cortarlos a trozos más bien grandes.
– Verter un buen chorro de aceite en una sartén, dorar los dos dientes de ajo enteros y añadir los brécoles. Mover con una cuchara de madera durante unos 2 minutos para que se aromaticen bien.
– Echar las conchiglie en una olla con agua salada hirviendo y escurrirlas muy «al dente».
– Mezclarlas con los brécoles en la sartén, remover durante 1 minuto, añadir pimienta y pasarlo todo a un recipiente hondo para servirlo enseguida.

NOTA: Siguiendo el mismo procedimiento se pueden cocinar las orecchiette, cuyo tiempo de cocción es de 30 minutos. Son excelentes.

Conchiglie verdes

INGREDIENTES para 4 personas: 400 g de conchiglie • 1 kg de achicoria • 1 diente de ajo • aceite de oliva virgen extra • sal

– Pelar el ajo y limpiar la achicoria, cortándole un poco el tronco, aproximadamente 1 cm.

– Hervir la achicoria en una olla con agua salada unos 20 minutos. Escurrirla bien y dejarla enfriar.

– Una vez fría, cortarla a trozos y echarla en una sartén, donde previamente se habrá dorado el diente de ajo con un buen chorro de aceite.

– Cuando la verdura se haya impregnado bien de ajo, retirar éste.

– Echar las conchiglie en una olla con agua salada hirviendo y, cuando estén «al dente», escurrirlas y mezclarlas en la sartén con la achicoria.

NOTA: La achicoria es rica en minerales y posee propiedades tonificantes y digestivas a causa de su peculiar sabor amargo. Estimula la secreción de la bilis y la eliminación de la orina, por lo que favorece la depuración de la sangre. También aporta una discreta cantidad de celulosa que favorece el funcionamiento intestinal.

Farfalline con zanahorias

INGREDIENTES para 4 personas: 400 g de farfalline • 300 g de zanahorias • 1 diente de ajo • 1 cebolla grande • aceite de oliva virgen extra • sal • pimienta

– Pelar y lavar las zanahorias y cortarlas a taquitos.
– Sofreír la cebolla, lavada y picada, y el diente de ajo, entero y pelado, en una sartén con un buen chorro de aceite.
– Añadir las zanahorias y cocer a fuego medio aproximadamente 1 hora. Si es necesario, añadir agua caliente para finalizar la cocción. Salpimentar.
– Echar las farfalline en una olla con agua salada hirviendo y, cuando estén «al dente», escurrirlas. Mezclarlas con la salsa de zanahorias en un recipiente hondo y servirlas enseguida.

NOTA: La zanahoria es una hortaliza fantástica, ya que activa las defensas orgánicas y ejerce una acción beneficiosa en el estómago y el intestino. Además, es rica en vitamina A, por lo que también resulta beneficiosa para la piel y la vista.

Fusilli con alcaparras y «rucola»*

INGREDIENTES para 4 personas: 400 g de fusilli • 1 manojo de «rucola» • 100 g de alcaparras al natural • 10 tomates de pera rojos • aceite de oliva virgen extra • sal • pimienta

– Mezclar en un bol, con un buen chorro de aceite, la «rucola» bien lavada, las alcaparras picadas y previamente lavadas (al decir alcaparras al natural me refiero a las que sólo están saladas y no en vinagre), y los tomates cortados a rodajas finas. Espolvorear con un poco de pimienta.

– Echar la pasta en una olla con agua salada hirviendo y escurrirla cuando todavía esté muy «al dente». Verterla en un recipiente hondo, añadir el contenido del bol y mezclarlo todo muy bien. Tapar el recipiente y dejar reposar 5 min.

– Transcurrido este tiempo, servir enseguida.

* La «rucola» es una planta que en España se conoce con el nombre de oruga o ruqueta, y que es muy utilizada en la cocina italiana.

Fusilli con alcachofas

INGREDIENTES para 4 personas: 400 g de fusilli • 300 g de tomates frescos o tomates de pera enlatados • 6 corazones de alcachofa • 1 cebolla grande • un manojo de perejil • 1 cucharada sopera de alcaparras • 1 diente de ajo • aceite de oliva virgen extra • sal • pimienta

– Lavar y picar el perejil y reservarlo.
– Pelar las alcachofas, quitando las hojas más duras, lavarlas y cortar el corazón a rodajas finas.
– Lavar los tomates, si son frescos, y trocearlos.
– Pelar y picar la cebolla.
– Echar en una sartén un buen chorro de aceite, el diente de ajo entero y pelado, y la cebolla picada. Cuando estén dorados, añadir las alcaparras trituradas, las rodajas de alcachofa y los tomates.
– Salpimentar y cocer a fuego medio durante 20 min.
– Echar los fusilli en una olla con agua salada hirviendo y, cuando estén «al dente», escurrirlos. Una vez que la salsa esté cocida, verter los fusilli en la sartén y remover para que quede bien mezclado.
– Poner la pasta en un recipiente hondo y espolvorearla con el perejil picado antes de servirla.

Fusilli con nabos

INGREDIENTES para 4 personas: 400 g de fusilli • 1 kg de nabos (blancos) • 2 dientes de ajo • aceite de oliva virgen extra • sal • pimienta

– Pelar y lavar los nabos. Hervirlos en agua con sal y, una vez cocidos, triturarlos.
– Verter un buen chorro de aceite en una sartén y dorar los 2 dientes de ajo previamente pelados. Añadir los nabos, sazonarlos con abundante pimienta y cocerlos unos 20 min.
– Retirar el ajo y, mientras tanto, echar la pasta en una olla con agua salada hirviendo.
– Cuando los fusilli estén «al dente», escurrirlos y mezclarlos con la verdura.
– Servirlos muy calientes.

Lasagnette de Mercurio

INGREDIENTES para 4 personas: 400 g de lasagnette (que no sean al huevo) • 300 g de pulpa de tomate • 1 cucharada de alcaparras • 1 diente de ajo • 1 cebolla pequeña • 1 ramita de salvia • 1 ramita de mejorana • aceite de oliva virgen extra • sal • pimienta

– Sofreír en una olla, con un buen chorro de aceite, la cebolla lavada y cortada a trozos, el ajo y las hojas de salvia bien lavadas.

– Añadir la pulpa del tomate, salpimentar y cocer a fuego vivo 15 minutos.

– Una vez pasado este tiempo, añadir a la salsa las alcaparras y las hojas de mejorana. Dejar unos minutos.

– Echar la pasta en una olla con agua salada hirviendo, escurrirla «al dente» y condimentarla con la salsa.

– Servir caliente.

Linguine con salsa de espárragos

INGREDIENTES para 4 personas: 400 g de linguine • 400 g de espárragos • 1 cebolla • 3 hojas de salvia • aceite de oliva virgen extra • sal

– Pelar y lavar la cebolla, picarla fina y dorarla en una cazuela con un buen chorro de aceite.

– Lavar los espárragos y hervirlos unos minutos en agua salada.

– Escurrir los espárragos, cortar la parte dura y unir lo que queda con la cebolla. Añadir las hojas de salvia bien lavadas.

– Dejarlo a macerar.

– Echar las linguine en una olla con agua salada hirviendo. Cuando estén «al dente», escurrirlas y mezclarlas con la salsa de espárragos.

– Servir caliente.

Linguine a la griega

INGREDIENTES para 4 personas: 400 g de linguine • 300 g de tomates pelados y troceados • 50 g de aceitunas negras «griegas» • 1/2 cucharada sopera de alcaparras • 1 diente de ajo • aceite de oliva virgen extra • sal • un pellizco de orégano • guindilla

– Cortar las alcaparras. Pelar el ajo, deshuesar las aceitunas y cortarlas por la mitad.

– Dorar el ajo en una sartén, con un chorro de aceite.

– Añadir el tomate y dejarlo cocer con el ajo y el aceite unos 30 minutos.

– Incorporar luego las aceitunas negras cortadas por la mitad, las alcaparras, el orégano, un trocito de guindilla y una pizca de sal.

– Cocer otros 5 min. y, mientras tanto, echar las linguine en una olla con agua salada hirviendo.

– Cuando estén muy «al dente», escurrirlas y verterlas en la sartén con la salsa. Dejar que reduzca un poco la salsa y pasarlo a un recipiente hondo.

NOTA: Es un plato de pasta con intensos aromas mediterráneos, estupendo para servir caliente.

Maccheroncini aromatizados

INGREDIENTES para 4 personas: 400 g de maccheroncini • 100 g de tomates a tiras • 1 hinojo • 2 calabacines medianos • 1 cebolla grande • 1 diente de ajo • 1 manojo de romero • 1 ramita de salvia • 1 ramita de mejorana • aceite de oliva virgen extra • sal • pimienta

– Escaldar los tomates, si son frescos, pelarlos y cortarlos a tiras en sentido longitudinal, eliminando todas las semillas.

– Pelar la cebolla y picarla; lavar los calabacines y cortarlos a rodajas; lavar el hinojo y cortarlo a láminas muy finas; lavar el romero, la salvia y la mejorana y arrancar las hojas.

– Verter un buen chorro de aceite en una sartén y sofreír la cebolla picada. Cuando esté dorada, incorporar las tiras de tomate, remover y dejar cocer a fuego vivo 10 minutos.

– En otra sartén, echar un buen chorro de aceite, dorar el diente de ajo entero y, al cabo de un momento, añadir unas hojitas de romero, salvia y mejorana; incorporar el hinojo y los calabacines, salpimentar ligeramente y cocer durante 10 min. Si es preciso, añadir un poco de agua.

– Retirar el ajo.

– Echar los maccheroncini en una olla con agua salada hirviendo y, cuando estén «al dente», escurrirlos.

– Poner la pasta en un recipiente hondo y condimentarla con las dos salsas ya preparadas y reservadas al calor, mezclándolo todo bien. Servir enseguida.

Maccheroncini a la campesina

INGREDIENTES para 4 personas: 400 g de maccheroncini estriados • 4 alcachofas • 1 cebolla • 1/2 diente de ajo • 1 manojo de perejil • aceite de oliva virgen extra • sal • pimienta recién molida

– Quitar las hojas más duras de las alcachofas, lavarlas y cortarlas en forma de gajos medianos. Cortar a taquitos la parte más tierna de los rabos.

– Pelar el ajo y la cebolla y picarlos muy finos. Verter un buen chorro de aceite en una cazuela (preferiblemente de barro) y dorar la cebolla y el ajo.

– Incorporar las alcachofas y cocer 15 min. con un poco de sal y pimienta recién molida.

– Añadir el perejil lavado y picado, y continuar la cocción unos 2 minutos.

– Echar los maccheroncini en una olla con agua salada hirviendo. Cuando estén «al dente», escurrirlos y mezclarlos con las alcachofas en un recipiente hondo.

– Servir enseguida.

Mezze pennette de Cenicienta

INGREDIENTES para 4 personas: 400 g de mezze pennette • 250 g de calabaza • 1 diente de ajo • 1 ramita de romero • aceite de oliva virgen extra • sal • pimienta

– Pelar la calabaza, lavarla y cortarla a taquitos de 2 centímetros.

– Enharinarla y dorarla en una sartén con un buen chorro de aceite y el diente de ajo pelado.

– Salpimentar, añadir el romero y acabar de cocer la calabaza.

– Echar la pasta en una olla con agua salada hirviendo. Cuando esté «al dente», escurrirla y mezclarla con la calabaza.

– Sacarla a la mesa en un recipiente hondo.

Orecchiette del Comandante

INGREDIENTES para 4 personas: 400 g de orecchiette • 2 kg de nabizas • 1 diente de ajo • aceite de oliva virgen extra • sal • guindilla

– Pelar y lavar las nabizas, escogiendo las hojas más pequeñas y tiernas. Hervir unos 10 min. con agua salada. Añadir la pasta y escurrirlo todo a media cocción, unos 15 min.

– Verter un buen chorro de aceite en una sartén y echar el diente de ajo pelado. Cuando esté dorado, añadir la pasta y las nabizas bien escurridas y un trocito de guindilla.

– Acabar de cocer removiéndolo mucho.

NOTA: La ausencia de anchoas en este sabroso plato típico de Pulla no es casual. La causa reside en que las anchoas son un alimento que contiene proteínas, las cuales no pueden mezclarse con los hidratos de carbono (las orecchiette). Una pequeña renuncia... en favor de la línea.

Orecchiette con judías verdes

INGREDIENTES para 4 personas: 400 g de orecchiette • 400 g de judías verdes • 500 g de tomates maduros o tomates de pera enlatados • 1 cebolla grande • aceite de oliva virgen extra • sal • pimienta

– Limpiar las judías verdes y cortarlas a trozos de unos 2 cm.

– Lavarlas y hervirlas a fuego medio durante 6 min., en una cazuela con agua ligeramente salada. Escurrirlas.

– Verter un buen chorro de aceite en una sartén y sofreír la cebolla después de pelarla y picarla. En cuanto esté dorada, añadir los tomates lavados y troceados. Cocer a fuego medio durante 10 minutos.

– Añadir las judías verdes y salpimentar.

– Hervir la pasta en una olla con agua salada unos 30 minutos.

– Escurrirla bien y echarla en la sartén para que tome el sabor de las judías y el tomate. Remover durante unos minutos.

– Servir caliente.

Orecchiette de Jacobo

INGREDIENTES para 4 personas: • 400 g de orecchiette • 1 kg de coliflor blanca • 1 diente de ajo • 1 manojo de perejil • aceite de oliva virgen extra • sal • pimienta blanca

– Limpiar y lavar la coliflor y cortarla a ramitos. Hervirla con las orecchiette en una olla con agua salada durante unos 30 minutos.

– Verter un buen chorro de aceite en una sartén y dorar el diente de ajo entero.

– Mientras tanto, escurrir bien la coliflor y las orecchiette, echarlas en la sartén y remover hasta que quede bien mezclado.

– Espolvorear con el perejil lavado y picado y con un poco de pimienta blanca. Servirlo en una fuente.

Orecchiette de Rubén

1INGREDIENTES para 4 personas: 400 g de orecchiette • 1 kg de berza • 350 g de tomates pelados • 1 diente de ajo • 1 manojo de perejil • aceite de oliva virgen extra • sal • guindilla

– Limpiar y lavar la berza. Cortarla a tiras largas y dejarla escurrir.
– Verter un buen chorro de aceite en una sartén y dorar el ajo pelado. Añadir un trocito de guindilla y los tomates.
– Salar y cocer 20 min.
– Una vez transcurrido este tiempo, espolvorear la salsa con el perejil lavado y picado.
– Echar en una olla con agua salada hirviendo la berza y las orecchiette y dejarlas hervir 30 minutos.
– Escurrirlas bien y mezclarlas con la salsa de tomate.

Orecchiette con «rucola»

– *Limpiar y lavar la «rucola».*

– *Pelar las patatas y hervirlas con poca agua salada, junto con las orecchiette, durante unos 30 min. Un momento antes de que finalice la cocción, añadir la «rucola».*

INGREDIENTES para 4 personas: 400 g de orecchiette • 300 g de tomate fresco • 250 g de «rucola» • 2 patatas • 1/2 diente de ajo • aceite de oliva virgen extra • sal • guindilla

– *Verter un buen chorro de aceite en una sartén y dorar el ajo. Incorporar el tomate tamizado, la guindilla y una pulgarada de sal, y dejar cocer a fuego lento durante 10 minutos.*

– *Escurrir bien las orecchiette, la «rucola» y las patatas, cortar éstas a taquitos y verterlo todo en un recipiente hondo, junto con la salsa.*

Penne floridas

– Pelar y lavar las verduras.
– Cortar a tiritas las flores de calabacín y el puerro. De este último, utilizar sólo la parte blanca.

INGREDIENTES para 4 personas: 400 g de penne estriadas • 200 g de guisantes pelados o congelados • 8 flores de calabacín • 1 puerro • 1 manojo de perejil • aceite de oliva virgen extra • sal • pimienta

– Picar el perejil.
– Si se utilizan guisantes congelados, ponerlos en un colador y mojarlos con un chorro de agua corriente para que se desprendan unos de otros.
– Verter un buen chorro de aceite en una sartén y sofreír las tiras de puerro y las flores de calabacín con los guisantes. Transcurridos unos 30 min., añadir un vaso de agua y el perejil picado.
– Salpimentar.
– Hervir durante unos 15 min. a fuego lento, cubriendo la sartén con una tapadera. Remover de vez en cuando con una cuchara de madera. Retirar la tapadera. Cuando el agua se haya evaporado, la salsa estará a punto.
– Echar la pasta en una olla con agua salada hirviendo. Cuando esté en su punto, escurrirla e incorporarla a la sartén con los guisantes y las flores de calabacín; mezclar bien y servir en un recipiente hondo.

Penne con guisantes

INGREDIENTES para 4 personas: • 400 g de penne estriadas • 600 g de tomate tamizado • 1/2 kg de guisantes pelados o una caja si son congelados • 1 cebolla • 1 diente de ajo • aceite de oliva virgen extra • sal

– Si los guisantes son congelados, ponerlos en un colador y mojarlos con agua corriente templada para descongelarlos.

– Pelar el ajo y la cebolla y picarlos muy finos.

– Verter un buen chorro de aceite en una sartén y añadir el ajo y la cebolla. Dorarlos e incorporar los guisantes y, transcurridos unos minutos, el tomate tamizado.

– Salar y continuar la cocción, a fuego medio, durante 30 min.

– Echar la pasta en una olla con agua salada hirviendo y, cuando esté «al dente», escurrirla. Ponerla en un recipiente hondo y añadir la salsa con los guisantes. Mezclar bien y servir.

NOTA: Los guisantes, frescos o congelados, son ricos en proteínas y en fibras que facilitan la actividad intestinal. Sin embargo, no es aconsejable abusar de ellos en los primeros días de la dieta.

Penne con salsa de calabacines

INGREDIENTES para 4 personas: • **400 g de penne estriadas** • **5 calabacines medianos** • **1 manojo de perejil** • **1 diente de ajo** • **aceite de oliva virgen extra** • **sal** • **pimienta**

– Lavar el perejil y los calabacines.

– Pelar el ajo y dorarlo en una sartén con un buen chorro de aceite. Añadir los calabacines cortados a rodajas y cocer a fuego medio durante unos 10 min. Salpimentar ligeramente.

– Echar la pasta en una olla con agua salada hirviendo y, cuando esté «al dente», escurrirla.

– Ponerla en un recipiente hondo con los calabacines. Mezclar bien y espolvorear con el perejil picado antes de servir.

Penne y calabacines asados

INGREDIENTES para 4 personas: 400 g de penne • 1/2 kg de calabacines • 2 dientes de ajo • aceite de oliva virgen extra • sal • pimienta

– Pelar y lavar los calabacines y cortarlos a tiras.
– Verter un buen chorro de aceite en una sartén, dorar los ajos ya pelados y añadir los calabacines.
– Salar y tapar la sartén, dejando cocer el contenido 10 min.
– Retirar la tapadera y continuar la cocción 20 min. a fuego bastante vivo, de manera que los calabacines queden bien secos, pero no chamuscados.
– Echar la pasta en una olla con agua salada hirviendo y, cuando esté «al dente», escurrirla. Incorporarla a la sartén con los calabacines.
– Mezclar bien, espolvorear con pimienta recién molida y continuar la cocción durante unos minutos.
– Servir caliente.

Rigatoni a la mejorana

– *Pelar la cebolla y las zanahorias y picarlas.*
– *Lavar las hojas de laurel y el manojo de mejorana fresca y secarlos.*

INGREDIENTES para 4 personas: 400 g de rigatoni • 300 g de pulpa de tomate • 1 cebolla grande • 2 zanahorias • 4 hojas de laurel • 1 manojo de mejorana fresca • aceite de oliva virgen extra • sal

– *Sofreír en una sartén, con un buen chorro de aceite, la cebolla, las zanahorias y las hojas de laurel. Cuando la cebolla haya tomado color, añadir el tomate, salar y dejar cocer a fuego medio unos 30 min. Una vez finalizada la cocción, triturar la salsa con la batidora.*
– *Echar la pasta en una olla con agua salada hirviendo y, cuando esté «al dente», escurrirla. Ponerla en un recipiente hondo y añadir la salsa triturada. Mezclarlo todo bien con las hojas de mejorana y servir.*

NOTA: La mejorana posee cualidades digestivas, sedantes y reconstituyentes. Utilizada en ensaladas, proporciona a éstas un intenso aroma.

Rigatoni con berenjenas

INGREDIENTES para 4 personas: 400 g de rigatoni • 2 berenjenas (200 g en total) • 1 kg de tomates pelados • 1 cebolla tierna • 1 rama de apio • 1 manojo de albahaca • aceite de oliva virgen extra • sal

– Lavar las berenjenas, cortarles el rabo y cortarlas a trocitos. Enjuagarlas y escurrirlas bien.

– Dorar las berenjenas en una sartén, con un buen chorro de aceite, hasta que estén bien cocidas. Salarlas muy poco.

– En otra sartén, sofreír durante 15 min. los tomates pelados, la cebolla picada muy fina y la rama de apio cortada a taquitos.

– Una vez finalizada la cocción, tamizar la salsa, que debe quedar compacta, y añadir las berenjenas ya cocidas. Dejar en maceración 5 minutos.

– Echar los rigatoni en una olla con agua salada hirviendo y, cuando estén «al dente», escurrirlos. Ponerlos en un recipiente hondo y mezclarlos bien con la salsa.

– Espolvorear abundantemente con albahaca picada y adornar con unas hojas enteras también de albahaca. Servir enseguida.

NOTA: Las berenjenas reducen el índice de colesterol. Además, son depurativas y, en consecuencia, desintoxicantes.

IMPORTANTE: Una vez se han cortado las berenjenas a rodajas o a taquitos, siempre es aconsejable salarlas un poco y dejarlas durante unos 30 min. en un colador con una tapadera encima que ejerza una ligera presión. Con ello se consigue que segreguen un líquido oscuro que suele darles un sabor amargo.

Rigatoni en salsa

INGREDIENTES para 4 personas: 400 g de rigatoni • 200 g de tomates pelados • 1 pimiento • 1 rama de apio • 1 cebolla • 1 zanahoria • 2 dientes de ajo • 1 ramita de romero • 1 ramita de salvia • 1 cucharada sopera de concentrado de tomate • 1 manojo de perejil • 1 manojo de albahaca • aceite de oliva virgen extra • sal • pimienta

– Limpiar, lavar y cortar a trocitos el apio, la cebolla, la zanahoria, el pimiento y el ajo. Sofreírlo todo en una sartén, con un buen chorro de aceite, hasta que se ablanden un poco.

– Añadir el romero, la salvia, el perejil, la albahaca y los tomates pelados. Remover durante unos minutos. A continuación, incorporar el concentrado de tomate y 1/4 de litro de agua. Salpimentar. Dejar que el agua se consuma y pasarlo por el pasapurés.

– Echar los rigatoni en una olla con agua salada hirviendo. Cuando estén «al dente», escurrirlos y mezclarlos con la salsa.

– Servirlos.

Espaguetis del Alto Adigio

– Limpiar, lavar y cortar la berza a tiras finas. Escurrirla bien.
– En una cacerola con un buen chorro de aceite, sofreír el diente de ajo pelado y un trocito de guindilla.
– Incorporar la berza y dejar cocer a fuego medio 10 min.
– Añadir los tomates y continuar la cocción durante 15 min. más, también a fuego medio.
– Echar los espaguetis en una olla con agua salada hirviendo y, cuando estén «al dente», escurrirlos. Ponerlos en un recipiente hondo y mezclarlos con la salsa de berza.
– Antes de servirlos, espolvorearlos con el perejil lavado y picado.

INGREDIENTES para 4 personas: 400 g de espaguetis • 1 kg de berza • 300 g de tomates pelados • 1 diente de ajo • 1 manojo de perejil • aceite de oliva virgen extra • sal • guindilla

Espaguetis «Bella Nápoles»

INGREDIENTES para 4 personas: 400 g de espaguetis • 500 g de tomates frescos • 1/2 cebolla tierna • 1 manojo de albahaca • 3 cucharadas soperas de concentrado de tomate • aceite de oliva virgen extra • sal

– Lavar los tomates y hervirlos durante 3 min. con abundante agua.
– Escurrirlos y dejarlos enfriar. Pelarlos y tamizarlos.
– Pelar y picar la cebolla tierna y sofreírla en una cazuela con un buen chorro de aceite. En cuanto esté dorada, añadir el concentrado de tomate, remover bien y dejar cocer 5 min. a fuego lento.
– Una vez transcurrido este tiempo, incorporar el tomate tamizado y dejar cocer durante unas 2 horas a fuego muy lento.
– Remover de vez en cuando la salsa y, antes de apagar el fuego, espolvorearla con abundante albahaca picada.
– Echar los espaguetis en una olla con agua salada hirviendo y, cuando estén «al dente», escurrirlos.
– Mezclarlos con la salsa.

Espaguetis a la italiana

INGREDIENTES para 4 personas: 400 g de espaguetis • 300 g de tomates pelados y troceados • 2 dientes de ajo • aceite de oliva virgen extra • sal • guindilla

– Pelar el ajo y dorarlo en una sartén con un buen chorro de aceite. Cuando esté dorado, añadir el tomate y la guindilla (la cantidad de esta última depende del gusto de cada uno).

– Salar y dejar cocer unos 10 minutos.

– Echar los espaguetis en una olla con agua salada hirviendo y, cuando todavía estén muy «al dente», escurrirlos.

– Incorporar los espaguetis a la sartén donde está la salsa de tomate, remover y servir.

Espaguetis de Liana

INGREDIENTES para 4 personas: 400 g de espaguetis • 300 g de tomates frescos de pera • 2 berenjenas medianas • 1 cebolla pequeña • 1 manojo de albahaca • aceite de oliva virgen extra • sal

– Limpiar y lavar las berenjenas y cortarlas a tacos grandes. Ponerlas en un colador, salarlas un poco y cubrirlas con una tapadera, ejerciendo una ligera presión. Dejarlas así 30 min.*

– Lavar los tomates, hervirlos unos minutos y tamizarlos.

– Sofreír en una sartén, con un buen chorro de aceite, la cebolla pelada y picada muy fina. A continuación añadir los tacos de berenjena, después de enjuagarlos para eliminar la sal, y remover.

– Salar e incorporar la salsa de tomate, dejándolo cocer 10 min.

– Sumergir en una olla con agua salada hirviendo los espaguetis, que deben quedar muy «al dente» (casi crudos).

– Escurrirlos bien y condimentarlos con la salsa ya preparada. Espolvorear con la albahaca lavada y picada y meter en el horno, previamente calentado, durante 10 min. a 180 ºC.

* Véase la nota de la pág. 29.

Espaguetis «Milleluci»

INGREDIENTES para 4 personas: 400 g de espaguetis • 10 tomates de pera maduros y firmes pequeños • 2 hinojitos silvestres • 1 pimiento rojo pequeño • 1 manojo de albahaca • 3 ramitas de menta • 1 manojo de perejil • 1 diente de ajo • 2 pellizcos de orégano • 1 pellizco de mejorana • 5 ramitas de tomillo • aceite de oliva virgen extra • sal

– Lavar bien y picar las hierbas aromáticas, ponerlas en un bol y aliñarlas con un pellizco de sal y un buen chorro de aceite.

– En una olla, sofreír con un poco de aceite el ajo entero y el pimiento cortado a dados pequeños.

– Cocer durante 5 min., retirar el ajo y añadir los tomates, que previamente se habrán pelado y troceado. Continuar la cocción otros 15 min. a fuego lento.

– Echar la pasta en una olla con agua salada hirviendo y aromatizada con los dos hinojitos silvestres.

– Escurrir los espaguetis cuando todavía estén muy «al dente», incorporarlos a la olla con la salsa y dejarlos macerar unos segundos.

– Verter por encima las hierbas preparadas al principio, que habrán permanecido en el bol, mezclar muy bien y servir enseguida.

Espaguetis con pimientos

INGREDIENTES para 4 personas: 400 g de espaguetis • 2 pimientos grandes amarillos y rojos • 300 g de tomates pelados • 1 diente de ajo • 1 manojo de perejil • 1 manojo de albahaca • aceite de oliva virgen extra • sal

– Lavar y secar los pimientos. Asarlos en una parrilla y cortarlos a tiritas, después de haberles quitado la piel y las semillas.

– Dorar en una sartén el diente de ajo pelado con un buen chorro de aceite.

– Añadir los pimientos, salar y remover.

– Incorporar los tomates pelados y cocer 20 min.

– Espolvorear con albahaca y perejil lavados y picados.

– Hervir «al dente» los espaguetis y condimentarlos con la salsa de pimientos. Servir muy calientes.

Espaguetis pobres pero buenos

INGREDIENTES para 4 personas: 400 g de espaguetis • 5 ramitas de romero fresco • 1 diente de ajo • aceite de oliva virgen extra • sal • guindilla • (una gasa)

– Pelar el ajo. Lavar las ramitas de romero, meterlas en una bolsita de gasa y atarla de modo que no se salgan las hojas durante la cocción.

– Verter un abundante chorro de aceite en una sartén y dorar el ajo. Añadir el romero y dejar en maceración unos minutos.

– Echar los espaguetis en una olla con agua salada hirviendo y, cuando todavía estén muy «al dente», escurrirlos. Incorporarlos a la sartén después de haber quitado el ajo y la bolsita con el romero.

– Añadir un trocito de guindilla y servirlos muy calientes.

NOTA: Como todos sabéis, el romero es una planta medicinal destinada, por sus cualidades, a usos farmacéuticos.
Es un excelente estimulante, además de un digestivo, indicado en los casos de decaimiento físico y psíquico. Así pues, utilizadlo, siempre os resultará beneficioso.

Espaguetis «primavera»

INGREDIENTES para 4 personas: 400 g de espaguetis • 300 g de tomate fresco • 6 rábanos • 4 cebollas tiernas (de las largas) • 1 corazón de apio • 1 diente de ajo • 1 zanahoria pequeña • 8 hojas de menta • 2 hojas de salvia • 1 ramita de romero • 1 rama de albahaca • aceite de oliva virgen extra • sal • pimienta

– Pelar todas las verduras y lavarlas.

– Poner en una ensaladera grande: los rabanitos cortados a rodajas finas, la zanahoria y las cebollas tiernas, éstas cortadas también a rodajas finas, el ajo y las hojas de menta muy picados, las hojas de salvia, las de albahaca y las de romero, previamente arrancadas de la rama.

– Trocear el corazón de apio y añadirlo al resto. Hacer lo mismo con los tomates, después de haberles quitado las semillas y la piel.

– Aliñar todos estos ingredientes como si fuese una ensalada, con abundante aceite y un poco de pimienta negra molida, y dejarlos macerar durante 2 horas. Transcurrido este tiempo, salar la salsa.

– Echar los espaguetis en una olla con agua salada hirviendo.

– Cuando todavía estén muy «al dente», escurrirlos e incorporarlos a la ensaladera. Mezclar bien, pero con rapidez para que no se enfríen.

NOTA: Es un plato fresquísimo, de tentadores y agradables sabores, adecuado para degustarlo al aire libre en los períodos estivales, incluso con amigos que no siguen su régimen alimentario.

Espaguetis de Sergio

INGREDIENTES para 4 personas: 400 g de espaguetis • 500 g de tomates rojos • 2 manojos de «rucola» • 2 manojos de albahaca • 1 diente de ajo • aceite de oliva virgen extra • sal • pimienta

– Limpiar y lavar la «rucola». Pelar los tomates y cortarlos a dados pequeños. Ponerlos en un recipiente hondo junto con la albahaca lavada y picada, el diente de ajo pelado y las hojas de «rucola».

– Aliñarlo todo con aceite y dejar reposar 15 min.

– Echar los espaguetis en una olla con agua salada hirviendo y, cuando estén casi a punto, «al dente», añadir sal a las verduras (si se pone antes la sal, los tomates pierden mucha agua).

– Escurrir los espaguetis, incorporarlos al recipiente donde está el resto de ingredientes y mezclar bien.

– Verter un último chorro de aceite y un poco de pimienta y servir. Son deliciosos y ligeros.

Espaguetis tres colores

INGREDIENTES para 4 personas: 400 g de espaguetis • 2 tomates rojos y firmes • 1 manojo de perejil • 1 manojo de albahaca • 2 dientes de ajo • aceite de oliva virgen extra • sal • guindilla

– Lavar y picar las hojas de albahaca y de perejil.
– Lavar los tomates y cortarlos a taquitos.
– Ponerlo todo en una ensaladera pequeña y aliñar con aceite.
– Cuando los espaguetis estén a punto para ser escurridos, se añadirá una pizca de sal.
– Verter en una sartén un buen chorro de aceite y dorar los dientes de ajo y la guindilla.
– Cocer los espaguetis 5 min. en una olla con agua salada hirviendo. Escurrirlos bien y acabar la cocción en la sartén con el ajo y la guindilla, mezclándolo todo bien durante 2 min.
– Retirar el ajo, echar los espaguetis en un recipiente hondo y añadir el perejil, la albahaca y los tomates que estaban en la ensaladera. Mezclarlo todo bien y servir enseguida para que la pasta no se enfríe.

Strozzapreti

INGREDIENTES para 4 personas: 700 g de harina • agua templada • sal

– Amasar la harina con agua templada y una generoso pellizco de sal fina.

– Añadir agua templada hasta obtener una bola lisa, homogénea y elástica.

– Coger un trocito de masa con las manos y redondearlo, formando una especie de espagueti del grosor de un lápiz.

– Espolvorear cada espagueti con un poco de harina para que no se peguen unos a otros. Por último, cortarlos con las manos en trozos de unos 10 cm. (no es necesario que todos sean igual de largos).

Strozzapreti estilo Carrà

INGREDIENTES para 4 personas: pasta base
- **1 kg de tomates rojos de pera**
- **1 pimiento** • **2 berenjenas** • **1 diente de ajo** • **aceite de oliva virgen extra** • **sal**
- **(si es verano, un manojo de albahaca)**

– Limpiar y cortar a dados pequeños las berenjenas.*
– Ponerlas en un colador, salarlas un poco y cubrirlas con una tapadera que ejerza una ligera presión sobre ellas. Dejarlas así 30 min.
– Asar el pimiento directamente en el fuego o en la parrilla y pelarlo.
– Una vez se le han quitado las semillas y la piel, cortarlo a tiras.
– Echar un chorro de aceite y el diente de ajo pelado en una sartén. En cuanto el ajo esté dorado, añadir los dados de berenjena y cocer a fuego vivo durante 5 min. Incorporar los tomates troceados, que se habrán pelado previamente escaldándolos en una cazuela con agua hirviendo. Remover durante 2 min. y añadir las tiras de pimiento y las hojas de albahaca limpias.
– Salar y dejar cocer a fuego medio 15 min.
– Echar los strozzapreti en una olla con agua salada hirviendo y, en cuanto afloren a la superficie, escurrirlos. Mezclarlos con la salsa en un recipiente hondo y servirlos enseguida.

* Véase la nota de la pág. 29.

Arroz «Viale Paolo Guidi»

INGREDIENTES para 4 personas: 4 puñados de arroz • 4 patatas medianas • 3 zanahorias • 3 ramas de apio • 5 tomates pelados enteros • 1 cebolla grande • 1 diente de ajo • aceite de oliva virgen extra • sal

– Pelar y lavar la cebolla, las zanahorias y el apio.

– Preparar con estos ingredientes un puré fino.

– Verter en una sartén grande un buen chorro de aceite y el diente de ajo pelado y entero. Dorarlo y añadir el puré de verduras.

– Pelar las patatas, lavarlas y cortarlas a dados pequeños. Incorporarlas al puré con un poco de sal y dejar que tomen sabor a fuego medio durante 5 min.

– Remover a menudo con una cuchara de madera, añadiendo de vez en cuando un poco de agua.

– Cuando los dados de patata estén casi cocidos, echar los tomates pelados y dejar que hiervan a fuego lento durante 2 min.

– Añadir el arroz y 1/2 litro de agua, salar y dejar cocer, removiendo de vez en cuando, durante unos 18 min. En este momento, el agua se habrá consumido casi por completo y el arroz estará «al dente».

Arroz con espárragos

INGREDIENTES para 4 personas: unos 400 g de arroz (tomar como medida un vaso de vino) • 1 caja de puntas de espárrago congeladas • 1 cebolla grande • aceite de oliva virgen extra • sal

– Sacar los espárragos de la caja, ponerlos en un colador y pasarlos bajo el chorro de agua templada. Cuando se hayan separado, escurrirlos bien y cortarlos a trozos de un par de centímetros, desechando la parte blanca y dura.

– Pelar y picar muy fina la cebolla y ponerla en una bandeja de horno untada con un buen chorro de aceite. Dorarla y añadir los trocitos de espárrago.

– Dejar cocer unos minutos, removiendo de vez en cuando.

– Añadir 4 vasos colmados de arroz a los espárragos y dejar que tomen sabor.

– Verter ahora 8 vasos de agua caliente, no llenos, y salar.

– Calentar el horno a 180 °C y, después de mezclarlo todo a fuego vivo, meter la bandeja en el horno y dejar cocer durante unos 16 minutos.

NOTA: Los espárragos son un producto típico de la primavera y ejercen una eficaz acción de drenaje renal. Se digieren muy fácilmente.

Arroz belga

INGREDIENTES para 4 personas: unos 400 g de arroz (tomar como medida un vaso de vino) • 250 g de endibia • 250 g de achicoria • 1 cebolla grande • aceite de oliva virgen extra • sal • pimienta

– Limpiar, lavar y cortar a rodajas finas la endibia y la achicoria.

– Verter un buen chorro de aceite en una bandeja para horno e incorporar la cebolla pelada y picada fina.

– Cuando ésta esté dorada, añadir la endibia y la achicoria, un chorro de agua caliente, sal y pimienta, y dejar cocer 5 min. a fuego medio.

– Echar 4 vasos colmados de arroz y dejar que tomen sabor.

– Añadir aproximadamente 8 vasos de agua caliente, salar y meter en el horno, previamente calentado, durante unos 16 min. a 180 ºC.

– Servir el arroz en la bandeja donde se ha cocinado.

Arroz con alcachofas

INGREDIENTES para 4 personas: 400 g de arroz (tomar como medida un vaso de vino) • 400 g de corazones de alcachofa congelados • 1 cebolla grande • aceite de oliva virgen extra • sal

– Poner los corazones de alcachofa congelados en un colador y pasarlos bajo el chorro de agua templada.
– A continuación cortarlos en cuatro trozos.
– Verter un buen chorro de aceite en una bandeja para horno y dorar la cebolla pelada y picada fina.
– Añadir los trocitos de alcachofa, mezclar bien y dejar 5 min. a fuego medio. Verter un vaso de agua y después 5 más. Cuando el agua se haya consumido, añadir 4 vasos colmados de arroz y remover bien.
– Verter ahora 8 vasos de agua caliente, no llenos, en los que, si se desea, se habrá disuelto previamente una pastilla de extracto vegetal, y salar muy poco (si no se dispone de una pastilla de extracto vegetal, con el agua sola queda muy bien, pero entonces salar algo más).
– Dejar un momento a fuego vivo y después meter en el horno durante 16 min., después de haber calentado éste a 180 °C.

NOTA: La alcachofa es un alimento importante porque actúa en el hígado y los riñones, mejorando su funcionamiento. De este modo se consigue depurar la sangre, reducir el colesterol y eliminar ácidos úricos.

Arroz al horno

INGREDIENTES para 4 personas: unos 400 g de arroz (tomar como medida un vaso de vino) • 300 g de maíz en conserva • 300 g de guisantes congelados • 1 cebolla grande • aceite de oliva virgen extra • sal • pimienta

– Verter un buen chorro de aceite en una bandeja para horno y dorar la cebolla pelada y picada.
– Añadir los guisantes y un poco de agua caliente y cocer 5 minutos.
– Echar el maíz previamente colado y esperar un momento. Salpimentar y añadir 4 vasos colmados de arroz, removiendo bien los ingredientes. Incorporar 8 vasos de agua caliente, añadir un poco más de sal y meterlo unos 16 minutos en el horno precalentado a 180 ºC.

Arroz con calabacines

– *Limpiar y lavar las verduras.*
– *Arrancar las hojitas de perejil y reservarlas en un plato.*

INGREDIENTES para 4 personas: unos 400 g de arroz (tomar como medida un vaso de vino) • 3 calabacines medianos • 1 cebolla grande • 1 manojo de perejil • aceite de oliva virgen extra • sal

– *En una bandeja para horno poner la cebolla picada muy fina y rociar con un buen chorro de aceite.*
– *Cortar los calabacines a taquitos y, cuando la cebolla esté dorada, unirlos a ésta.*
– *Mezclar despacio y, tras unos minutos, echar en la bandeja 4 vasos colmados de arroz.*
– *Dejar que se dore durante un par de minutos y luego añadir 8 vasos, no llenos, de agua con sal. Mezclarlo bien todo a fuego vivo un momento y rectificar de sal.*
– *Meter la bandeja en el horno, precalentado a 180 ºC, y dejar cocer unos 16 minutos.*
– *Antes de servir, espolvorear con perejil picado.*

NOTA: Los calabacines poseen propiedades refrescantes, diuréticas y laxantes.

Ñoquis al falso pesto

INGREDIENTES para 4 personas: 400 g de ñoquis de patata • 1 manojo de albahaca • 1 diente de ajo • aceite de oliva virgen extra • sal • pimienta

– Lavar la albahaca, arrancar las hojas y picarlas finas.
– Pelar el ajo. Picarlo en el mortero con la albahaca hasta obtener una pasta. Echar la pasta en un recipiente hondo y, removiendo lentamente, incorporar aceite en la cantidad deseada. Salpimentar.
– Echar los ñoquis en una olla con agua salada hirviendo. Cuando estén «al dente», escurrirlos y mezclarlos cuidadosamente con la salsa.
– Si es necesario, antes de servirlos añadir un último chorro de aceite.

Ñoquis a la salvia

INGREDIENTES para 4 personas: 400 g de ñoquis • 1 diente de ajo • 1 manojo de salvia fresca • aceite de oliva virgen extra • sal

– Arrancar las hojas de salvia del tallo, lavarlas, secarlas y cortarlas a tiritas finas.

– Verter un buen chorro de aceite en una sartén y dorar el diente de ajo pelado.

– Retirar el ajo y echar la salvia a la sartén. Dejarla unos 2 min. para que desprenda sabor.

– Cocer los ñoquis en una olla con agua salada hirviendo, escurrirlos «al dente» y echarlos a la sartén. Removerlos un poco y servirlos bien calientes.

Ñoquis sencillísimos

INGREDIENTES para 4 personas: 500 g de ñoquis de patata • 400 g de pulpa de tomate • 1/2 cebolla • 1 diente de ajo • 1 buen manojo de albahaca • aceite de oliva virgen extra • sal • pimienta

– Pelar la cebolla y el ajo. Lavar la albahaca y arrancar todas las hojas.
– Verter un buen chorro de aceite en una sartén y dorar el diente de ajo entero y la cebolla picada.
– Añadir el tomate y las hojas de albahaca; salpimentar ligeramente.
– Cocer unos 30 min. a fuego lento.
– Echar los ñoquis en una olla con agua salada hirviendo.
– Cuando estén «al dente», escurrirlos, ponerlos en un recipiente hondo y añadir la salsa.
– Servirlos enseguida, muy calientes.

Polenta de Miriam

INGREDIENTES para 4 personas: 400 g de harina de maíz • 400 g de setas • 600 g de tomates pelados • 10 tomates grandes y maduros • 2 cebollas medianas • 1 pimiento amarillo dulce • 1 berenjena mediana • 1 calabacín • 1 rama de apio tierna • aceite de oliva virgen extra • sal

– Preparar dos salsas: una de setas y otra de verduras.

Salsa de setas

– Limpiar, lavar y cortar a trozos las setas. Pelar la cebolla, picarla fina y dorarla en una sartén con un buen chorro de aceite; añadir las setas y dejar cocer unos 10 min. Incorporar los tomates pelados y cortados a trozos pequeños, salar y dejar cocer a fuego vivo 15 min., cubriendo la sartén con una tapadera. Mantener caliente.

Salsa de verduras

– Limpiar y lavar todas las verduras que todavía no se han utilizado. Pelar los tomates y cortarlos a dados pequeños, al igual que las demás verduras.

– Poner un buen chorro de aceite en una sartén y echar todas la verduras a la vez. Tapar la sartén y dejar cocer a fuego vivo 5 min.

– Añadir los tomates, salar y dejar cocer 15 min. Controlar de vez en cuando y, si falta agua, añadirla. Mantener caliente.

Polenta

– Poner en una cazuela honda 2 litros de agua. Echar la harina de maíz cuando hierva y dejarla 45 min. a fuego lento. Conforme va espesando, remover para que la polenta quede blanda y sin grumos.

– Una vez en su punto, verterla en un molde que tenga un agujero en el centro y que se habrá mojado previamente con un poco de agua para que la polenta no se pegue. Darle la vuelta al molde sobre una fuente redonda u ovalada.

– Echar la salsa de setas en el agujero central y la de verduras en torno a la circunferencia que forma la polenta.

Sopa de escanda

INGREDIENTES para 4 personas: 4 puñados de escanda • 400 g de tomates pequeños y maduros • 1 cebolla • 1 rama de apio • 1 zanahoria • aceite de oliva virgen extra • sal • guindilla

– Escaldar los tomates y pelarlos.

– Pelar la zanahoria, el apio y la cebolla y picarlos muy finos.

– Verter en una olla un buen chorro de aceite y dorar las verduras picadas.

– Incorporar los tomates, la escanda y el agua (2 litros, pero si es necesario añadir más). Salar y dejar cocer a fuego muy lento aproximadamente 1 hora, removiendo con frecuencia.

– Al final de la cocción se puede añadir un trocito de guindilla.

Gachas de Foggia

INGREDIENTES para 4 personas: 1 kg de «rucola» • 4 patatas medianas • 4 rebanadas de pan sentado • 1 ramita de laurel • aceite de oliva virgen extra • sal

– Limpiar y lavar la «rucola». Pelar las patatas y cortarlas por la mitad, después de haberlas lavado.

– Llenar media olla de agua con sal y echar las hojas de laurel y las patatas. Llevarlo al punto de ebullición y añadir la «rucola».

– Cuando está casi cocido, añadir el pan, que se ablandará enseguida. Colarlo, reservando un poco de agua que se verterá en una sopera. Rociar con un buen chorro de aceite.

Sopa de Austria

INGREDIENTES para 4 personas: 250 g de ditalini estriados • 1 kg de berza • 3 patatas • 1 diente de ajo • 1 ramita de romero • aceite de oliva virgen extra • sal • pimienta

– Limpiar y lavar la berza y cortarla a tiras.

– En una cazuela de barro, verter un buen chorro de aceite y sofreír el ajo entero y las hojas de romero, después de haberlas lavado. Añadir la berza, remover y dejar cocer 30 min. a fuego medio.

– Pelar las patatas, lavarlas y cortarlas a dados pequeños. Incorporarlas a la cazuela con 1/2 litro de agua caliente. Salpimentar y continuar la cocción 45 min. más.

– Transcurrido este tiempo, echar la pasta. Cuando esté «al dente», sacar a la mesa en una sopera.

Sopa de setas

INGREDIENTES para 4 personas: 1 kg de champiñones grandes • 500 g de setas frescas • 300 g de tomates pelados • 1 diente de ajo • 1 manojo de perejil • unas rebanaditas de pan • aceite de oliva virgen extra • sal

– Lavar bien las setas y cortarlas a trozos grandes.
– Verter un buen chorro de aceite en una sartén, dorar el diente de ajo pelado y picado, y añadir las setas.
– Transcurridos unos minutos, incorporar los tomates pelados y el perejil lavado y picado.
– Salar muy poco y dejar cocer 10 min. a fuego medio.
– Una vez finalizada la cocción, retirar el ajo.
– Tostar las rebanaditas de pan y ponerlas en platos hondos.
– Verter la sopa sobre el pan y servirla muy caliente.

Sopa «a la antigua»

INGREDIENTES para 4 personas: 250 g de acelgas • 250 g de achicoria • 1 manojo de hinojitos • 2 patatas medianas • 2 ramas de apio • 1 cebolla • 6 tomates de pera maduros • 1 diente de ajo • unas hojitas de albahaca • 250 g de pan sentado • aceite de oliva virgen extra • sal

– Pelar las patatas, lavarlas y cortarlas a cuadraditos.

– Limpiar las ramas de apio, pelar la cebolla y el ajo y cortarlo todo a trozos grandes.

– Mientras tanto, hervir unos minutos los tomates, pelarlos y cortarlos a dados.

– Poner en una cazuela todos estos ingredientes; salar y añadir 2 litros de agua. Hervir durante 10 min. a fuego vivo, con la cazuela tapada.

– Lavar y cortar a trozos grandes las acelgas, la achicoria y los hinojitos. Incorporarlos a la sopa y cocer 10 min. más.

– Antes de apagar el fuego, echar el pan troceado y dejar que se ablande.

– Sazonar con un buen chorro de aceite y unas hojitas de albahaca, y servir caliente.

Habas y achicoria de Sarina

INGREDIENTES para 4 personas: 1 kg de achicoria • 300 g de habas secas (peladas) • 2 patatas • aceite de oliva virgen extra • sal • pimienta blanca

– Limpiar y lavar la achicoria; dejar que se escurra.
– Pelar las patatas y hervirlas con una pizca de sal hasta que estén a punto para pasarlas por el pasapurés.
– Poner las habas secas en una olla, cubrirlas con abundante agua y hervirlas 25 min. a fuego medio.
– Una vez finalizada la cocción, dejar que se enfríen y pasarlas por el pasapurés.
– Pasar también las patatas y mezclarlas con las habas, formando un puré.
– Hervir aparte la achicoria y escurrirla bien.
– Poner la achicoria en una fuente, y en otra, el puré de habas. Rociar con un buen chorro de aceite y espolvorear con un poco de pimienta blanca recién molida.
– Sacar a la mesa la aceitera y el pimentero. Aun siendo un plato sencillo, es tan sabroso que siempre se repite.

Gazpacho de Danilo

INGREDIENTES para 4 personas: 1 pepino y medio • 4 tomates grandes maduros • 1 pimiento rojo • 1/2 cebolla • 1 diente de ajo pequeño • 2 cucharadas soperas de vinagre • 1 vaso (de los de agua) de hielo picado • 6 cucharadas soperas de aceite de oliva virgen extra • sal • pimienta

– Limpiar y lavar todas las verduras.

– Preparar, en 4 boles grandes que se sacarán a la mesa, los siguientes ingredientes:

– En el primero poner el pan de pueblo, previamente cortado a dados pequeños y ligeramente tostado al horno.

– En el segundo, el tomate pequeño, cortado a trocitos.

– En el tercero, el 1/2 pimiento amarillo también cortado a trocitos y sin semillas.

– En el cuarto, la cebolla también a trocitos muy pequeños. Reservar una cucharada sopera para la crema.

– Todo esto se utiliza como aderezo.

Crema

– Echar en la batidora la cucharada de cebolla que se ha reservado, el diente de ajo, el pimiento rojo cortado a trozos y sin semillas, los 4 tomates troceados, el pepino y medio pelado y también troceado, las 2 cucharadas de vinagre, las 6 cucharadas de aceite y el vaso de hielo picado. Salpimentar.

– Triturar hasta obtener una crema espesa y homogénea.

– Servir en boles. Cada comensal elegirá los ingredientes que prefiera, de entre los que se han sacado a la mesa, para aderezar su gazpacho.

– En verano resulta delicioso.

COMO ADEREZO: • 400 g de pan de pueblo • 1/2 pimiento amarillo • 1 tomate de pera.

Ensalada de mediodía

INGREDIENTES para 4 personas: 600 g de judías verdes • 4 tomates grandes y firmes para ensalada • 2 patatas grandes • 100 g de aceitunas negras • 50 g de alcaparras • 1 manojo de perejil • aceite de oliva virgen extra • vinagre • sal • pimienta

– Lavar las patatas con piel y hervirlas en agua con sal. Una vez cocidas, pelarlas y cortarlas a taquitos.

– Hacer lo mismo con las judías y cortarlas a trocitos, a ser posible iguales.

– Poner las patatas y las judías en una ensaladera y aliñarlas con un chorro de aceite, otro de vinagre, sal y pimienta.

– Lavar y cortar en forma de gajos los tomates. Incorporarlos a la ensaladera y añadir las aceitunas y las alcaparras. Espolvorear con perejil picado. Mezclar bien todos los ingredientes antes de servir la ensalada a la mesa.

Festival del huerto

INGREDIENTES para 4 personas:
• 2 calabacines medianos • 1 berenjena mediana • 1 patata grande • 1 pimiento carnoso amarillo o rojo • 1 zanahoria grande • 1 rama de apio tierna • 2 tomates medianos • 1/2 cebolla • 1 diente de ajo • aceite de oliva virgen extra • sal • pimienta

– Pelar, lavar y trocear las verduras. El ajo se utiliza entero y la cebolla cortada a rodajas.
– Verter un buen chorro de aceite en una sartén y dorar el ajo y la cebolla.
– Añadir la zanahoria y cocerla 3 min. a fuego medio.
– Incorporar la rama de apio y el pimiento, al que previamente se le habrán quitado cuidadosamente las semillas, y cubrir la sartén con una tapadera para conservar los sabores.
– Después de aproximadamente 1 min., añadir la patata, los calabacines y la berenjena.*
– Esperar un momento y echar los tomates.
– Salpimentar y dejar cocer 5 min., removiendo de vez en cuando.

* Véase la nota de la pág. 29.

NOTA: Es excelente como segundo plato en una comida o una cena «exclusivamente» a base de hidratos de carbono. También se puede utilizar sobre una base de pizza o como condimento para cualquier clase de pasta de tamaño pequeño.

Patatas picantes

INGREDIENTES para 4 personas: 500 g de patatas • 1 diente de ajo • 1 ramita de salvia • 1 ramita de romero • aceite de oliva virgen extra • sal • guindilla

– Pelar las patatas, lavarlas, secarlas y cortarlas a dados pequeños.

– Ponerlas en una sartén con un buen chorro de aceite y freírlas, añadiendo el diente de ajo, un trocito de guindilla, y la salvia y el romero lavados y picados.

– Cocerlas 10 min. y servirlas calientes, espolvoreándolas con una pizca de sal.

Tomates con arroz

INGREDIENTES para 4 personas: 6 tomates grandes, redondos, rojos y maduros • 150 g de arroz • 4 patatas medianas • 2 dientes de ajo • 1 manojo grande de albahaca • 1 manojo pequeño de perejil • aceite de oliva virgen extra • sal • pimienta

– Lavar las verduras.
– Cortarle a cada tomate un trozo de la parte superior central, en forma de tapadera circular.
– Vaciarlos con una cucharita y poner la pulpa extraída en un bol. Añadir 8 cucharadas de arroz, sal, pimienta, la albahaca y el perejil picados, 3 cucharadas soperas de aceite y los dos dientes de ajo partidos por la mitad.
– Mezclar bien y dejar macerar unos 30 min.
– Retirar los trozos de ajo (esto es opcional) y rellenar los tomates con el arroz hasta arriba. A continuación cubrirlos con la tapadera que se ha cortado al principio.
– Verter un buen chorro de aceite en una bandeja para horno. Poner los tomates y colocar alrededor de ellos el arroz sobrante, con las patatas cortadas a taquitos.
– Espolvorear con un pellizco de sal y rociar con otro chorrito de aceite antes de meterlos en el horno. Cocer 15 minutos.
– La temperatura del horno debe haber alcanzado ya los 180 ºC.

Cazuela blanca y roja

INGREDIENTES para 4 personas: 600 g de cebollas blancas • 600 g de tomates de pera • 600 g de patatas • 1 manojo de albahaca • aceite de oliva virgen extra • sal

– Pelar y lavar las verduras.
– Cortar los vegetales a rodajas anchas y disponerlos en una cazuela para horno, formando tres capas: primero una de patatas, después una de tomates y a continuación una de cebolla, y así sucesivamente hasta que se acaben los ingredientes.
– Rociar con un buen chorro de aceite, salar y espolvorear con albahaca.
– Calentar el horno a 180 ºC y cocer durante 30 min.

NOTA: Como veis, es un plato sencillísimo de preparar y resulta muy sabroso aunque esté frío.

Cazuela de patatas «rústicas»

INGREDIENTES para 4 personas: 800 g de patatas • 4 dientes de ajo • 3 ramitas de romero • 2 ramitas de salvia • aceite de oliva virgen extra • sal • pimienta

– Pelar el ajo. Lavar el romero, la salvia y las patatas con piel.

– Cocer estas últimas en una cazuela con agua hirviendo y escurrirlas a media cocción, es decir, cuando se puedan pinchar con un tenedor sin que se rompan. Dejarlas enfriar y pelarlas.

– Verter un buen chorro de aceite en una bandeja grande para horno; añadir las patatas cortadas a tacos, el romero, la salvia y los dientes de ajo enteros. Salpimentar.

– Meter la bandeja en el horno, precalentado a 180 ºC y dejarla 15 min. De este modo se obtendrán patatas crujientes.

NOTA: La salvia es una planta aromática mediterránea que ejerce una acción tonificante y revitalizante y está indicada contra la hipotensión. Resulta muy útil en verano porque inhibe la sudoración.

Pizzas

La pizza es un alimento que contiene hidratos de carbono y que en este régimen alimentario constituye una excelente alternativa a los primeros platos. Al ir acompañada de variadísimas verduras, resulta tentadora para la vista y el paladar.
A causa de un extraño «capricho» psicológico, el hecho de poder comer más de una, condimentadas de formas distintas, hizo que las primeras veces llegara a comer incluso tres; luego, poco a poco, tuve bastante con una. Evidentemente, esa noche mi peso bajaba.

Pasta base para pizza

INGREDIENTES para 4 personas: 350 g de harina • 15 g de levadura de cerveza • 1 pellizco de sal

NOTA: Si no tenéis tiempo para prepararla en casa, también podéis utilizar la pasta base para pizza que se vende congelada.

– Disolver la levadura en un poco de agua templada y verterla, con la sal fina, en un agujero central que se practicará en medio de la harina.

– Amasar bien con las manos, rociando con un poco de agua templada, hasta obtener una bola de pasta lisa y elástica, sin grumos.

– Enharinar el fondo y los laterales de un recipiente y cubrirlo con un paño limpio.

– Dejar la masa a temperatura ambiente durante unas 3 horas, lo suficiente para que suba. Después de esto, ya está a punto para ser utilizada.

La «focaccia»

– Cuando la pasta base está a punto, coger una buena porción, extenderla con un rodillo y ponerla en un molde redondo, ligeramente untado de aceite.

– Rociarla con aceite de oliva virgen extra, espolvorearla con un poco de sal y poner encima 3 ramitas de romero lavado y seco.

– Calentar el horno a 180 ºC, meter el molde y cocer la masa unos 15 min.

– Se puede comer como si fuera pan y también para acompañar ensaladas o platos a base de hidratos de carbono.

Lieben pizza

PASTA BASE para 4 personas: 1 patata • 1 cebolla • 1 ramita de romero • aceite de oliva virgen extra • sal

– Extender la masa con un rodillo y ponerla en un molde redondo, ligeramente untado de aceite.

– Pelar y lavar las verduras.

– Cortar a rodajas finas la patata, ponerla en un colador, colocar éste sobre una cazuela con agua hirviendo y ligeramente salada, y dejar unos minutos.

– Siguiendo el mismo procedimiento, hervir la cebolla, previamente cortada a tiritas.

– Escurrir bien y colocar sobre la superficie de la pizza, primero las rodajas de patata y luego las tiras de cebolla.

– Rociar la pizza de aceite, salarla y espolvorearla con las hojitas de romero.

– Meter la pizza en el horno, precalentado a 180 ºC, y cocer 15 minutos.

Pizza del bosque

PASTA BASE para 4 personas: 1 tomate grande, rojo y verde • 300 g de champiñones frescos • 1 diente de ajo • 1 manojo de perejil • aceite de oliva virgen extra • sal

– Extender la masa con un rodillo y ponerla en un molde redondo, ligeramente untado de aceite.
– Echar en un cazo un chorro de aceite y el diente de ajo pelado.
– Dorar el ajo, retirarlo y echar los champiñones, bien lavados y cortados en cuatro trozos. Cocerlos 3 min. Salar muy poco.
– Después de lavar y picar el perejil, echarlo al cazo y remover durante 2 min.
– Lavar el tomate, cortarlo a rodajas finas y distribuirlo sobre la pizza; a continuación echar los champiñones sobre toda la superficie, ya cubierta con las rodajas de tomate. Procurar que no caiga demasiado aceite de los champiñones.
– Salar un poco más.
– Meter la pizza en el horno, precalentado a 180 ºC, y cocer unos 15 minutos.

Pizza Popeye

PASTA BASE para 4 personas: 1 kg de espinacas frescas o congeladas • 1 diente de ajo • aceite de oliva virgen extra • sal • guindilla (opcional)

– Extender la masa con un rodillo y ponerla en un molde redondo, ligeramente untado de aceite.
– Si las espinacas son frescas, cortar los rabos y lavarlas bien.
– Hervirlas 3 min. en una cazuela con agua ligeramente salada. Escurrirlas muy bien y trocearlas.
– Si las espinacas son congeladas, sumergirlas sin descongelar en una cazuela con poca agua ligeramente salada y hervirlas hasta que queden sueltas. Escurrirlas muy bien y trocearlas.
– Dorar, con un buen chorro de aceite, el diente de ajo entero y pelado. Cuando esté dorado, añadir las espinacas y dejar 2 min. Retirar el ajo y, si se quiere, poner un trocito de guindilla.
– Extender uniformemente las espinacas sobre la pizza, añadir un poco de sal y un chorrito de aceite.
– Calentar el horno a 180 ºC y cocer la pizza 15 min.

NOTA: Las espinacas son riquísimas en sales minerales y hierro, por lo que resultan muy apropiadas para las personas anémicas.

Pizza con alcachofas y espárragos

PASTA BASE para 4 personas: 4 alcachofas frescas • 1 caja de puntas de espárrago congeladas • 4 cucharadas soperas de salsa de tomate • 1 diente de ajo • aceite de oliva virgen extra • sal

– Extender la masa con un rodillo y ponerla en un molde redondo, ligeramente untado de aceite.
– Pelar las alcachofas, desechando las hojas más duras, cortarlas en 6 trozos cada una y enjuagarlas.
– Dorar el diente de ajo en una sartén con un buen chorro de aceite, colocar los trozos de alcachofa uno junto a otro y salarlos. Cubrir la sartén con una tapadera y cocer las alcachofas, sin darles la vuelta, durante 3 min. Retirar el ajo y apagar el fuego.
– Sacar las puntas de espárrago de la caja, ponerlas en un colador y pasarlas bajo el chorro de agua templada. Cuando se hayan desprendido unas de otras, cortar la parte blanca y ponerlas en un plato.
– Extender la salsa de tomate por toda la superficie de la pizza, adornar ésta con los trozos de alcachofa, empezando por el borde y formando varios círculos. Colocar en el centro las puntas de espárrago. Salar un poco más las partes no cubiertas por la alcachofa. Calentar el horno a 180 ºC y cocer la pizza 15 min.

Pizza con judías verdes

PASTA BASE para 4 personas: 1/2 kg de judías verdes frescas y tiernas • 8 cucharadas soperas de salsa de tomate • aceite de oliva virgen extra • sal • orégano y pimienta (optativo)

– *Extender la masa con un rodillo y ponerla en un molde redondo, ligeramente untado de aceite.*

– *Después de haber limpiado y lavado las judías, hervirlas 10 min. en una cazuela con agua ligeramente salada. Escurrirlas y cortarlas a trocitos de 2 cm. cada uno.*

– *Verter la salsa de tomate sobre la superficie de la pizza y cubrirla con las judías.*

– *Salar y añadir, a voluntad, orégano y pimienta.*

– *Calentar el horno a 180 ºC y cocer la pizza 15 min.*

Pizza Manfredonia

PASTA BASE para 4 personas: 200 g de acelgas • 200 g de achicoria • 2 dientes de ajo • aceite de oliva virgen extra • sal • guindilla

– Extender la masa con un rodillo y ponerla en un molde redondo, ligeramente untado de aceite.
– Hervir, en 2 cazuelas diferentes y con agua ligeramente salada, las acelgas y la achicoria sin rabos y lavadas. No hervirlas más de 3 min. porque deben estar «al dente». Escurrirlas muy bien y trocearlas.
– Verter un chorro de aceite en una sartén, dorar el ajo pelado y añadir las verduras, que toman sabor en 2 min.
– Remover de vez en cuando.
– Antes de apagar el fuego, se puede añadir guindilla en la cantidad deseada. Retirar el ajo.
– Con ayuda de una cuchara y un tenedor, extender las verduras con su aceite por toda la superficie de la pizza.
– Calentar el horno a 180 ºC y cocer la pizza 15 min.

Pizza con berenjenas

PASTA BASE para 4 personas: 2 berenjenas grandes • 8 cucharadas soperas de salsa de tomate • aceite de oliva virgen extra • sal

– Extender la masa con un rodillo y ponerla en un molde redondo, ligeramente untado de aceite.
– Pelar las berenjenas, lavarlas y cortarlas a rodajas finas, aunque no demasiado.
– Freírlas con aceite que no esté usado. Escurrirlas muy bien.
– Verter la salsa de tomate sobre la pizza y cubrirla con rodajas de berenjena.
– Salar muy poco y rociar de abundante aceite.
– Calentar el horno a 180 ºC y cocer la pizza 15 min.

NOTA: Las berenjenas reducen el índice de colesterol. Además, son depurativas y, en consecuencia, desintoxicantes.

IMPORTANTE: Una vez se han cortado las berenjenas a rodajas o a taquitos, siempre es aconsejable salarlas un poco y dejarlas durante unos 30 min. en un colador con una tapadera encima que ejerza una ligera presión. Con ello se consigue que segreguen un líquido oscuro que suele darles un sabor amargo.

Pizza «festival del huerto»

PASTA BASE para 4 personas: 2 calabacines medianos • 1 pimiento carnoso amarillo o rojo • 1 patata grande • 1 berenjena mediana • 2 tomates rojos medianos • 1 zanahoria grande • 1 rama de apio tierna • 1/2 cebolla grande • 1 diente de ajo • aceite de oliva virgen extra • sal

Salsa

– Pelar, lavar y trocear todas las verduras. El ajo se utiliza entero y la cebolla cortada a rodajas.

– Verter un buen chorro de aceite en una sartén y dorar el ajo y la cebolla.

– Añadir la zanahoria y cocerla 3 min. a fuego medio.

– Incorporar la rama de apio y el pimiento, y cubrir a medias la sartén con una tapadera para conservar los sabores.

– Después de aproximadamente 1 min., añadir la patata, los calabacines y la berenjena. Esperar un momento y echar los tomates.*

– Salar y dejar cocer 5 min., removiendo de vez en cuando.

– Extender la masa con un rodillo y ponerla en un molde redondo, ligeramente untado de aceite.

– Verter la salsa y repartirla de forma uniforme. No hace falta añadir aceite porque lleva el de la salsa.

– Calentar el horno a 180 °C y cocer la pizza 15 min.

* Véase la nota de la pág. 76.

Pizza con pimientos

PASTA BASE para 4 personas: 4 pimientos grandes (amarillos y rojos) • 4 cucharadas soperas de salsa de tomate • aceite de oliva virgen extra • sal

– Extender la masa con un rodillo y ponerla en un molde redondo, ligeramente untado de aceite.
– Lavar y secar los pimientos.
– Asarlos a la parrilla o directamente sobre el fuego, pelarlos y quitarles las semillas. Cortarlos a tiras.
– Rociar la superficie de la pizza con la salsa de tomate. Añadir las tiras de pimiento y un buen chorro de aceite. Salar.
– Calentar el horno a 180 ºC y cocer la pizza 15 min.

Pizza con tomate

PASTA BASE para 4 personas • 8 cucharadas soperas de salsa de tomate • 1 manojo de albahaca • aceite de oliva virgen extra • sal

– Extender la masa con un rodillo, ponerla en un molde redondo, ligeramente untado de aceite y verter encima toda la salsa de tomate.

– Lavar la albahaca, arrancar las hojas y colocarlas sobre la superficie de la pizza.

– Rociar de aceite y salar.

– Calentar el horno a 180 °C y cocer la pizza 15 minutos.

NOTA: Si se desea, se puede añadir pimienta o sustituir la albahaca por orégano.

Pizza tortuga

PASTA BASE para 4 personas: 8 cucharadas soperas de salsa de tomate • 5 hojas medianas de lechuga • aceite de oliva virgen extra • sal

– Extender la masa con un rodillo y ponerla en un molde redondo, ligeramente untado de aceite.

– Verter encima la salsa de tomate.

– Lavar las hojas de lechuga y cortar cada hoja en 4 trozos. Distribuir la lechuga por toda la superficie de la pizza, añadir un chorro de aceite y salar.

– Calentar el horno a 180 °C y cocer la pizza 15 minutos.

Pizza tricolor

PASTA BASE para 4 personas: 8 cucharadas soperas de salsa de tomate • 6 tomates rojos y firmes de pera • 3 patatas medianas • 2 calabacines medianos • aceite de oliva virgen extra • sal

– Extender la masa con un rodillo, ponerla en un molde ligeramente untado de aceite y verter encima la salsa de tomate.

– Pelar y lavar las verduras. Cortar a rodajas finas las patatas y hervirlas un poco en un colador, colocando éste sobre una cazuela con agua hirviendo y ligeramente salada. Escurrirlas y reservarlas.

– Cortar a rodajas finas los calabacines y extenderlos por el borde de la pizza, recorriendo todo el perímetro del molde, que puede ser redondo o cuadrado.

– En el interior del rodal de calabacín, extender del mismo modo la patata.

– Repetir la operación con los tomates de pera cortados a rodajas lo más finas posible. Continuar hasta llegar al centro de la pizza.

– Rematar el centro con 3 rodajitas de patata, unas cuantas de calabacín y una de tomate.

– Salar, rociar con abundante aceite y, para obtener la cocción de las verduras «al dente», meter la pizza en el horno, precalentado a 180 °C, y cocerla unos 16 minutos.

Pizza Trinacria

PASTA BASE para 4 personas: 600 g de brécoles • 2 dientes de ajo • aceite de oliva virgen extra • sal • pimienta

– Extender la masa con un rodillo y ponerla en un molde redondo, ligeramente untado de aceite.
– Limpiar los brécoles, dejando sólo el corazón (la parte tierna), y cortar verticalmente los troncos, no del todo, en 4 partes.
– Arrancar las hojas del tronco y lavar bien los brécoles. Hervirlos 15 min. en una cazuela con agua ligeramente salada. Escurrirlos bien y cortarlos a trozos no demasiado pequeños.
– Verter un buen chorro de aceite en una sartén y dorar los dos dientes de ajo pelados y picados. En cuanto estén dorados, añadir los brécoles y remover durante 2 min.
– Extender la verdura con su aceite sobre la pizza y salpimentar.
– Calentar el horno a 180 ºC y cocer la pizza 15 min.

Pizza con calabacines

PASTA BASE para 4 personas: 4 calabacines grandes • 4 cucharadas soperas de salsa de tomate • aceite de oliva virgen extra • sal

– Pelar los calabacines, lavarlos y cortarlos en varios trozos en sentido longitudinal.
– Espolvorearlos de sal y mantenerlos bajo presión unos minutos.
– Extender la masa con un rodillo y ponerla en un molde redondo, ligeramente untado de aceite.
– Secar los calabacines y freírlos con abundante aceite, dorando ambos lados. Escurrirlos muy bien.
– Cubrir la superficie de la pizza con la salsa de tomate, colocar encima los calabacines, añadir un poco de sal y rociar con un chorrito de aceite.
– Calentar el horno a 180 ºC y cocer la pizza 15 min.

PLATOS «COMODÍN»

Estos platos quedan muy bien tanto con los hidratos de carbono como con las proteínas. En nuestra dieta se pueden utilizar para completar la comida o la cena, como primer plato, como segundo o como guarnición.

Crudités

– Pelar y lavar bien todas las verduras.
– Cortar las zanahorias y los corazones de alcachofa por la mitad, en sentido longitudinal.

INGREDIENTES para 4 personas: 4 zanahorias medianas • 2 hinojos grandes • 4 ramas de apio tiernas • 4 corazones de alcachofa • 6 rábanos (si es temporada) • 2 endibias • unas hojas blancas de lechuga • 1 pepino • aceite de oliva virgen extra • sal • pimienta

– Cortar los hinojos en 6 trozos cada uno.
– Dejar el apio entero, con hojas si las tiene; los rábanos también.
– Cortar la endibia y el pepino en 4 trozos, en sentido longitudinal.
– Poner las verduras, incluidas las hojas de lechuga, en una ensaladera en sentido vertical, como formando un «centro de verduras».

Aliño

Verter un buen chorro de aceite, con sal y pimienta, en tantos boles como personas haya sentadas a la mesa.

NOTA: Este plato constituye un excelente entrante tanto para la comida como para la cena, y debería estar presente en la mesa todos los días. Es una buena costumbre prescindir del aliño y utilizar las verduras durante la comida «a modo de pan», cuando se consumen alimentos que contienen proteínas. De esta forma se nota menos la falta de pan.

Menestra de verduras

INGREDIENTES para 4 personas: 200 g de espinacas • 200 g de acelgas • 200 g de guisantes • 200 g de judías verdes tiernas • 2 corazones de alcachofa • 2 calabacines • 1 zanahoria grande • 1 rama de apio blanco • 4 hojas de albahaca • aceite de oliva virgen extra • sal

– Pelar, lavar y trocear todas las verduras.

– Echar en una olla un buen chorro de aceite con las verduras y salarlas. Cocerlas a fuego lento 15 min., cubriendo la olla con una tapadera.

– Añadir 4 vasos de agua, si se quiere con una pastilla de extracto vegetal disuelta (en este caso salar muy poco), y cocer 10 min. más a fuego lento.

Crema fría de verduras

INGREDIENTES para 4 personas: 150 g de calabacines • 150 g de zanahorias • 100 g de judías verdes • 100 g de guisantes frescos ya pelados • 1 rama de apio • 1 cebolla • aceite de oliva virgen extra • sal

COMO ADEREZO:
• 1 pimiento amarillo
• 150 g de tomates rojos de pera
• 1 manojo de albahaca

– Lavar y cortar el pimiento a tiritas finas, quitando las semillas. Lavar los tomates y cortarlos a dados pequeños. Arrancar las hojas de albahaca después de haberlas lavado bien y cortar las más grandes por la mitad.

Crema

– Pelar las verduras, lavarlas y cortarlas a taquitos.

– Verter un buen chorro de aceite en una sartén y sofreír la cebolla picada. Cuando empiece a dorarse, incorporar los guisantes y las verduras cortadas a taquitos y salar.

– Cocer a fuego medio 45 min. Si es necesario, añadir un poco de agua.

– Una vez finalizada la cocción, dejar que se enfríe, triturar con la batidora y añadir otro chorro de aceite.

– La crema ya está a punto. Para acompañarla se sirve el tomate, el pimiento y las hojas de albahaca preparados al principio, cada ingrediente en un bol.

Crema de guisantes con alcachofas

INGREDIENTES para 4 personas: 700 g de guisantes frescos o congelados • 400 g de fondos de alcachofas frescas o congeladas • 1 y 1/2 cebolla • aceite de oliva virgen extra • sal • pimienta

– Pelar una cebolla, cortarla a rodajitas y dorarla en una cazuela con un chorro de aceite. Incorporar los guisantes, sacándolos directamente de la caja, y dorarlos con la cebolla, a fuego lento, durante unos minutos.

– Añadir un poco más de medio vaso de agua y dejarlos cocer unos minutos más antes de verter otros 4 vasos de agua. Salpimentar y hervir 15 min. a fuego lento.

– Reducirlos a una crema utilizando el pasapurés y mantener ésta caliente en una cazuela.

– Sacar de la caja los fondos de alcachofa y, para poder cortarlos en 4 trozos, pasarlos un momento bajo el chorro de agua templada en un colador.

– Pelar y cortar en 4 trozos la media cebolla; dorarla en una sartén con un chorro de aceite, añadir las alcachofas, medio vaso de agua, sal y pimienta.

– Cocer a fuego lento unos 5 min., hasta que el agua se consuma. Retirar los trozos de cebolla.

– La cocción de las alcachofas es muy importante: no deben quedar fritas.

– Incorporar las alcachofas a la cazuela donde está la crema de guisantes. Remover la crema un poco, a fuego lento, antes de verterla en una sopera y servirla en la mesa.

Crema del sol

INGREDIENTES para 4 personas: 4 vasos de salsa de tomate • 100 g de col • 100 g de espinacas • 1 corazón de lechuga • 50 g de cebolla • 4 vasos de agua • sal • pimienta

– Echar en una cazuela los 4 vasos de salsa de tomate, los 4 de agua y la cebolla pelada y cortada a rodajitas. Cocer hasta que rompa a hervir y apagar el fuego.

– Limpiar, lavar y cortar a trozos no demasiado pequeños las verduras y ponerlas en una sopera.

– Salpimentar la crema de tomate, calentarla un poco removiendo bien y verterla en la sopera, con las verduras.

– El plato ya está preparado.

Sopa de coliflor oscura

INGREDIENTES para 4 personas: 1 kg de coliflor oscura • 1 cebolla • 1 zanahoria pequeña • 1 rama de apio • 4 cucharadas de salsa de tomate • aceite de oliva virgen extra • sal • pimienta

– Quitar las hojas duras de la coliflor oscura, lavarla bien y trocearla.

– Pelar la cebolla; pelar y lavar la zanahoria y la rama de apio.

– Coger una cazuela grande y honda, verter un buen chorro de aceite y dorar la zanahoria, el apio y la cebolla, todo bien picado. Incorporar los trozos de coliflor y cocer 45 min. a fuego lento, añadiendo 2 vasos de agua y las 4 cucharadas de salsa de tomate. Salpimentar y tapar la cazuela.

– Servir muy caliente en una sopera.

Sopa de la salud

INGREDIENTES para 4 personas: 150 g de tomate fresco • 50 g de puerros • 50 g de nabos blancos • 50 g de zanahorias • 50 g de cebolla • 50 g de apio • 1 litro de agua • sal • pimienta

– Pelar las verduras, lavarlas y picarlas, pero no demasiado finas.

– Echarlas todas juntas en una olla, donde ya estará hirviendo el agua con sal y pimienta.

– Cocer durante 50 min., dejando que continúe hirviendo suavemente, y servir caliente en boles o en platos hondos.

Sopa verde

INGREDIENTES para 4 personas: 1 cucharada de albahaca • 50 g de cebolla tierna • 1 lechuga mediana • 150 g de berza • 150 g de espinacas • aceite de oliva virgen extra • sal

– Limpiar, lavar y trocear las verduras. Limpiar y picar la albahaca.

– Verter un buen chorro de aceite en una cazuela y, al mismo tiempo, echar todos los ingredientes.

– Tapar y cocer 5 min. a fuego lento.

– Añadir 1 vaso y medio de agua, salar y cocer, sin tapadera, unos 10 min. más, hasta que el agua se haya consumido.

NOTA: Si se añaden taquitos de pan tostado, se convierte en un plato a base de hidratos de carbono.

Potaje florido

INGREDIENTES para 4 personas: 500 g de calabacines con las fiore. 1 manojo de espinacas • 2 cebollas medianas + 1/2 cebolla • 1 zanahoria • 1/2 rama de apio • aceite de oliva virgen extra • sal • pimienta

– Limpiar todas las verduras.

– Preparar en una olla aproximadamente 1 litro de caldo vegetal, poniendo la zanahoria, el apio, las espinacas y la media cebolla en agua fría e hirviéndolo durante unos 25 min. Luego colarlo.

– Aparte, verter un buen chorro de aceite en una cazuela, en la que se pondrán las 2 cebollas picadas, los calabacines cortados a dados y las flores de calabacín. Salpimentar y dejar unos minutos para que las verduras tomen sabor. A continuación incorporar el caldo vegetal colado y llevar al punto de ebullición.

– Cuando esté templado, pasarlo por la batidora.

– Añadir en el plato un chorro de aceite crudo a voluntad.

ATENCIÓN: Si los platos que vais a comer a continuación contienen hidratos de carbono, podéis servir con el potaje taquitos de pan ligeramente tostado. Si, por el contrario, la comida es a base de proteínas, los taquitos de pan deben eliminarse.

Ensalada de alcachofas

INGREDIENTES para 4 personas: 4 alcachofas medianas • 2 hinojos pequeños y tiernos • 4 rábanos • 1 corazón de lechuga • el zumo de 1 limón • aceite de oliva virgen extra • sal • pimienta blanca molida

– Quitar las hojas más duras de las alcachofas, cortarlas a rodajas finas y sumergirlas en el zumo de limón para que no se oscurezcan.

– Limpiar los hinojos, lavarlos y cortarlos a trocitos; pelar los rábanos; lavar la lechuga y cortarla a tiritas.

– Colar las alcachofas y secarlas.

– Poner todas las verduras en una ensaladera.

– Aliñarlas con un buen chorro de aceite, un pellizco de sal y pimienta blanca molida.

Ensalada de pueblo

INGREDIENTES para 4 personas: 250 g de judías verdes • 4 pimientos grandes y firmes • 4 tomates para ensalada • 2 berenjenas medianas • 1 cucharada de alcaparras • 1 manojo de albahaca • unas hojas de menta fresca • aceite de oliva virgen extra • sal

– Lavar los pimientos, secarlos y asarlos en una parrilla caliente. Cortarles el rabo, quitarles las semillas, pelarlos y cortarlos a tiras.

– Hacer lo mismo con las berenjenas, después de lavarlas y cortarlas a rodajas gruesas.

– Una vez asadas, cortarlas a tiras y aliñarlas, con los pimientos, con un buen chorro de aceite, un pellizco de sal, y hojas de albahaca y de menta limpias.

– Aparte, hervir en agua con sal las judías limpias y cortadas en trozos iguales entre 10-15 min. (el tiempo de cocción depende de la calidad de las judías). Escurrirlas y dejarlas enfriar.

– Lavar los tomates, pelarlos y cortarlos en forma de gajos. Ponerlo todo en una ensaladera, aliñar con una pizca de sal, un buen chorro de aceite y las alcaparras. Servir en la mesa.

NOTA; Las berenjenas reducen el índice de colesterol. Además, son depurativas y, en consecuencia, desintoxicantes.

IMPORTANTE; Una vez se han cortado las berenjenas a rodajas o a taquitos, siempre es aconsejable salarlas un poco y dejarlas durante unos 30 min. en un colador con una tapadera encima que ejerza una ligera presión. Con ello se consigue que segreguen un líquido oscuro que suele darles un sabor amargo.

Verduras a la parrilla

– Cortarle el rabo a la berenjena y quitarle a la achicoria las hojas más grandes.*
– Lavar bien todas las verduras.

INGREDIENTES para 4 personas: 1 berenjena grande • 1 pimiento amarillo o rojo • 4 tomates medianos • 1 manojo de achicoria • aceite de oliva virgen extra • sal

– Cortar la berenjena a tiras en sentido longitudinal, los tomates por la mitad y la achicoria en cuatro trozos. El pimiento se asará entero.
– Antes de poner las verduras en la parrilla, ya caliente, sazonarlas con aceite y sal.
– El fuego debe ser moderado y constante.

* Véase la nota de la pág. 97.

Revoltillo de verduras al horno

INGREDIENTES para 4 personas: 1 berenjena mediana • 2 calabacines medianos • 3 zanahorias medianas • 3 cebollas blancas medianas • 1 hinojo mediano • 2 endibias • 2 tomates redondos, rojos y firmes • aceite de oliva virgen extra • sal

– Limpiar y lavar bien todas las verduras.

– Cortarle el rabo a la berenjena, a los calabacines, a los tomates y al hinojo.*

– Hervir en agua con sal las verduras durante unos 2 min., dejando aparte la berenjena, la endivia y los tomates.

– Cortar la berenjena en 4 trozos, el hinojo en 6, y las cebollas, las zanahorias, los calabacines y las endibias por la mitad, todos en sentido longitudinal. Los tomates cortarlos a rodajas gruesas.

– Calentar en el horno, a 180 °C, una bandeja untada de aceite y extender con cuidado todas las verduras preparadas anteriormente. Las hortalizas deben quedar unas junto a otras, pero sin amontonarse.

– Salar. Rociar las endibias con un chorrito de aceite.

– Meter la bandeja en el horno y cocer unos 20 min.

* Véase la nota de la pág. 97.

Calabacines de Caterina

– Pelar los calabacines, lavarlos, cortarlos a dados pequeños y sofreírlos con la cebolla picada, el diente de ajo entero y el trocito de guindilla.

INGREDIENTES para 4 personas: 500 g de calabacines • 1 diente de ajo • 1/2 cebolla tierna • 2 cucharadas de puré de tomate • 1 manojo de albahaca • aceite de oliva virgen extra • sal • un trocito de guindilla

– Remover varias veces y cocer 5 min. a fuego medio.

– Transcurrido este tiempo, retirar el ajo, salar e incorporar el puré de tomate. Dejar 5 min. más y, antes de apagar el fuego, añadir la albahaca limpia y picada.

Calabaza picante

INGREDIENTES para 4 personas: 1/2 kg de calabaza • 1 manojo de perejil • 1 diente de ajo • aceite de oliva virgen extra • sal • guindilla

– Pelar la calabaza y cortarla a dados pequeños; dorar el diente de ajo en una olla, con un buen chorro de aceite, y añadir los dados de calabaza.

– Salar, echar un trocito de guindilla y cocer unos 10 min.

– Retirar el ajo y, antes de apagar el fuego, espolvorear la calabaza con el perejil lavado y picado.

Tomates rellenos

INGREDIENTES para 4 personas: 4 tomates de 150 g cada uno
PICADA: • 1 manojo de albahaca • 1 diente de ajo • 2 cucharadas soperas de aceite de oliva virgen extra • sal • pimienta
RELLENO: 2 berenjenas pequeñas • 3 ramas de apio • 100 g de aceitunas verdes deshuesadas • 1 manojo de albahaca • aceite de oliva virgen extra • sal • pimienta

– Hervir los tomates durante unos segundos, dejar que se enfríen y pelarlos. Cortarlos por la parte superior un trozo de 1 cm. de ancho, en forma de tapadera, y sacar la pulpa con ayuda de una cucharita.
– Lavar las berenjenas, cortarles el rabo y trocearlas a dados pequeños. Freírlas con abundante aceite e incorporar el apio, lavado y cortado a trozos pequeños, y las aceitunas verdes deshuesadas y picadas.
– Salpimentar. El apio y las aceitunas deben quedar «al dente».

Picada
– Picar muy fino las hojas de albahaca limpias y el diente de ajo. Aliñar con aceite, sal y pimienta en un bol y mezclar bien.
– Verter la picada en una fuente, extenderla para que cubra toda la superficie y poner encima las hojas de albahaca enteras.
– Rellenar los tomates con las verduras fritas y colocarlos en la fuente.

Hinojos «alla arrabbiata»

INGREDIENTES para 4 personas: 1 kg de hinojos • 200 g de tomates pelados • 40 g de aceitunas deshuesadas • 1/2 cebolla • 2 dientes de ajo • aceite de oliva virgen extra • sal • guindilla

– Limpiar los hinojos y hervirlos en agua con sal.

– Una vez cocidos, escurrirlos, secarlos con un paño de cocina, cortarlos a rodajas gruesas y colocarlos en una fuente.

– Sofreír en una cazuela la cebolla picada, los dientes de ajo enteros, un trocito de guindilla y las aceitunas deshuesadas.

– Cocer 5 min. y añadir los tomates pelados.

– Salar y cocer 15 min. a fuego medio.

– Pasar la salsa por el pasapurés y rociar con ella los hinojos.

– Servir enseguida.

Alcachofas a la romana

INGREDIENTES para 4 personas: 4 alcachofas tiernas • 200 g de guisantes pelados • 1 cebolla • 1 diente de ajo • 1 manojo de perejil • 1 limón • aceite de oliva virgen extra • sal • pimienta

– Quitar a las alcachofas las hojas más duras y sumergirlas en agua con el limón cortado en 4 trozos.
– Sofreír en un poco de aceite la cebolla cortada a rodajas finas y el diente de ajo entero y pelado. Incorporar las alcachofas, lavadas y bien escurridas, y dorarlas unos 5 min.
– Añadir los guisantes, el perejil lavado y picado y un vaso de agua. Salpimentar.
– Cocer 20 min. a fuego medio y servir caliente.

Champiñones al limón

– Sofreír unos minutos, en una sartén con un buen chorro de aceite, los champiñones lavados y cortados a rodajas finas.

INGREDIENTES para 4 personas: 500 g de champiñones • 4 tomates pelados • 1 limón pequeño • 1 manojo de perejil • 1 hoja de laurel • 1/2 vaso de vino blanco seco • aceite de oliva virgen extra • sal

– Verter el vino blanco y dejar que se evapore. Cocer 5 minutos.

– Añadir los tomates pelados y cortados a dados pequeños, el limón cortado a rodajas finas, la hoja de laurel y el perejil picado. Salar y cocer 10 min.

– Retirar las rodajas de limón y servir muy caliente.

Picadillo de cardos

INGREDIENTES para 4 personas: 800 g de cardos • 100 g de champiñones frescos • el zumo de 1 limón • aceite de oliva virgen extra • sal • pimienta

– Pelar los cardos, lavarlos bien y cortarlos en trozos de unos 10 cm.
– Hervirlos 45 min. en agua con sal y escurrirlos. Picar una cuarta parte de los cardos.
– Limpiar los champiñones, lavarlos bien y picarlos.
– Untar de aceite una bandeja para horno y poner los cardos, cubriéndolos con los champiñones y los cardos picados, previamente aliñados, en un bol, con sal, pimienta y el zumo del limón.
– Calentar el horno a 180 ºC, meter la bandeja y cocer unos 30 minutos.

EL TENTEMPIÉ DE MEDIODÍA

Las personas que trabajan suelen tener poco tiempo para comer a mediodía y, si no disponen de comedor en su empresa, van a un bar. Los bocadillos preparados siempre presentan la «trampa de las proteínas» y, en consecuencia, no son apropiados para nuestra dieta. ¿Qué se puede hacer?

1. Pedirle al camarero que os los prepare sólo con verduras sazonadas, cocidas o crudas. Evidentemente, no son tan sabrosos como un bocadillo de mortadela, pero el sacrificio queda atenuado porque la cantidad es ilimitada.

2. Pedir un plato o dos a base de proteínas, como por ejemplo: pollo a la plancha, mozzarella o alguna otra variedad de queso, huevos duros, tortillas de verduras, pescados cocinados de diferentes maneras, toda clase de carnes, jamón serrano o cocido, embutidos... Todo ello acompañado de verduras guisadas o crudas, pero sin pan.

3. Si preferís los hidratos de carbono, podéis comer: arroz con verduras, sopa de verduras, incluida la patata, y platos de verduras guisadas o crudas, bien aliñadas, acompañado de pan, o focaccia. También resulta adecuada la pasta, sólo con salsa de verduras.

PLATOS A BASE DE PROTEÍNAS

En una comida o una cena a base de proteínas podéis tomar, además de un plato de carne, uno de pescado o de huevos. Incluir también un plato «comodín» o una guarnición de verduras, pero nunca pan.

Carnes y guarniciones de verduras

Solomillo al perejil

INGREDIENTES para 4 personas: 4 filetes de solomillo de ternera (de 200 g cada uno) • 2 manojos de perejil • aceite de oliva virgen extra • sal • pimienta negra

– Poner en maceración los filetes, durante 24 horas, con un buen chorro de aceite, pimienta negra recién molida y abundante perejil lavado y picado.

– Darles la vuelta de vez en cuando y salarlos.

– Transcurrido el tiempo indicado, poner los filetes en una cacerola y cocerlos a fuego vivo 20 min. A media cocción, añadir más perejil y, si es necesario, unas cucharadas de caldo vegetal.

– Servir los filetes cubiertos con su jugo.

NOTA: El caldo vegetal podéis obtenerlo diluyendo una pastilla de extracto vegetal en agua caliente.

Chuletas al limón

INGREDIENTES para 4 personas: 4 chuletas de ternera con hueso (de 200 g cada una) • 2 limones • 1 manojo de perejil • 4 ramitas de romero • 1 cucharada sopera de alcaparras • 2 dientes de ajo • aceite de oliva virgen extra • sal • guindilla

– Poner las cuatro chuletas en una fuente grande.

– Lavar y picar el perejil, enjuagar las ramitas de romero y pelar el ajo, haciéndole varios cortes.

– Rociar las chuletas con el zumo de los limones y espolvorearlas de perejil picado; añadir las hojas de romero, el ajo, un trocito de guindilla y sal. Dejar la carne en maceración con estos ingredientes durante 1 hora.

– Transcurrido este tiempo, retirar el ajo de la fuente. Echar un buen chorro de aceite en una sartén y cocer las chuletas con el zumo de limón y las hierbas.

– Cuando se haya consumido el limón, echar las alcaparras. Dar la vuelta con cuidado a las chuletas y dejar hasta que se obtenga el punto de cocción deseado.

– Servir muy caliente. Es un excelente plato de proteínas, aromático y sabroso.

«Involtini» de carne con alcachofas

INGREDIENTES para 4 personas: 4 filetes finos de carne de ternera (de 150 g cada uno)
- **4 alcachofas tiernas • 1 diente de ajo**
- **el zumo de 1 limón • 1 manojo de perejil**
- **aceite de oliva virgen extra • sal**

– Limpiar las alcachofas, lavarlas, quitarles las hojas más duras y cortarlas en cuatro trozos cada una.

– Poner en una sartén un diente de ajo pelado y un buen chorro de aceite. Dorar el ajo y añadir las alcachofas cortadas. Dejar transcurrir unos minutos para que se ablanden, pero no mucho, salar y retirar el ajo.

– Coger los filetes y poner 4 trozos de alcachofa en cada uno. Enrollarlos y cerrarlos por ambos lados con mondadientes.

– Dorar los «involtini» en una cacerola con un buen chorro de aceite y de limón. Espolvorearlos con perejil lavado y picado y dejar cocer 10 min.

– Servir muy calientes.

Estofado con verduras

INGREDIENTES para 4 personas: 600 g de carne de ternera para estofar, cortada a tacos • 300 g de judías verdes • 4 calabacines • 4 zanahorias • 2 ramas de apio • 1 cebolla • 1 pimiento • el zumo de 1 limón • aceite de oliva virgen extra • sal

– Pelar la cebolla, lavarla y cortarla a trozos pequeños. Repetir esta operación con el apio, las zanahorias, el pimiento, las judías y los calabacines.

– Poner todas las verduras en un recipiente.

– Mientras tanto, verter un buen chorro de aceite en una cazuela y dorar la carne. Añadir el zumo de limón y, cuando éste se haya consumido, incorporar todas las verduras. Salar y cocer a fuego lento 20 min., con la cazuela tapada para que el vapor facilite la cocción de la carne.

– Servir caliente.

Pierna de ternera al estilo de Sergio

INGREDIENTES para 4 personas: 1 kg de pierna de ternera • 1 pimiento amarillo o rojo • 1 berenjena • 4 alcachofas • 1 hinojo • 2 zanahorias • 1 cebolla • 1 ramita de romero • 2 dientes de ajo • unas hojas de salvia • aceite de oliva virgen extra • sal • pimienta

– Enjuagar la pierna y ponerla en una bandeja grande para horno. Sazonarla con aceite, la ramita de romero lavada, las hojas de salvia también lavadas y los dientes de ajo cortados por la mitad. Salpimentar.

– Lavar las verduras, cortarlas a trozos grandes y distribuirlas alrededor de la pierna. Espolvorearlas con un poco de sal y de pimienta.

– Calentar el horno a 180 ºC, introducir la bandeja y cocer 45 minutos.

NOTA; Las berenjenas reducen el índice de colesterol. Además, son depurativas y, en consecuencia, desintoxicantes.

IMPORTANTE: Una vez se han cortado las berenjenas a rodajas o a taquitos, siempre es aconsejable salarlas un poco y dejarlas durante unos 30 min. en un colador con una tapadera encima que ejerza una ligera presión. Con ello se consigue que segreguen un líquido oscuro que suele darles un sabor amargo.

Estofado de ternera con judías peronas

INGREDIENTES para 4 personas: 500 g de carne de ternera para estofar • 500 g de judías peronas • 500 g de tomates pelados • 1 cebolla mediana • 1 zanahoria • 1 rama de apio • 1 chorro de vino blanco seco • aceite de oliva virgen extra • sal • pimienta

– Pelar y picar la cebolla, la zanahoria y la rama de apio.
– Lavar y cortar a tacos el resto de verduras.
– Poner las verduras y la carne en una cazuela, con un buen chorro de aceite.
– Al cabo de 10 min., rociar con un chorro de vino blanco seco.
– Dejar que el vino se evapore, añadir los tomates y cocer 20 minutos.
– Transcurrido este tiempo, incorporar las judías y proseguir la cocción 20 min. más.
– Salpimentar y servir enseguida.

Ossobuco con verduras

INGREDIENTES para 4 personas: 4 ossobucos • 2 zanahorias • 2 ramas de apio • 2 cebollas medianas • 1 diente de ajo • el zumo de 1 limón • aceite de oliva virgen extra • sal • pimienta

– Pelar el ajo y las cebollas; lavar el apio y las zanahorias.

– Cortar las verduras a tacos y dejar que se escurran. El ajo se utiliza entero.

– Lavar los ossobucos y secarlos con un paño de cocina limpio.

– Verter un buen chorro de aceite en una sartén grande y poner el ajo.

– Colocar los ossobucos uno junto a otro, sin que se superpongan, y dorarlos a fuego lento por ambos lados.

– Una vez dorados, rociarlos con el zumo de limón y esperar a que éste se consuma, manteniendo el fuego muy bajo. Salpimentar y a continuación añadir las verduras cortadas anteriormente.

– Tapar la sartén para que el vapor facilite la cocción de las verduras. Salarlas y, transcurridos unos minutos, añadir si es necesario un chorro de agua. Cocer 20 minutos a fuego lento.

Bistecs al gorgonzola

INGREDIENTES para 4 personas: **4 bistecs de ternera (de 200 g cada uno) • 200 g de gorgonzola • aceite de oliva virgen extra • sal**

– Calentar aceite a fuego lento y añadir el gorgonzola.
– Esperar a que el queso se funda e incorporar la carne, dejándola cocer 10 min. a fuego vivo.
– Espolvorear con una pizca de sal y servir muy caliente.

Filetes de ternera rellenos

INGREDIENTES para 4 personas: 4 filetes de ternera (600 g) • 4 lonchas gruesas de jamón serrano (100 g) • 1 queso tipo scamorza • 2 calabacines medianos • 300 g de tomates de pera • 1 cebolla pequeña • 1 manojo de albahaca • aceite de oliva virgen extra • sal

– Pelar los calabacines, lavarlos, cortarlos a lonchas a lo largo y dorarlos un poco por ambos lados con un buen chorro de aceite.

– Salar los filetes de ternera y colocar encima de cada uno 2 lonchas de calabacín, 1 de jamón y 1 de queso tipo scamorza.

– Sofreír en una cazuela la cebolla pelada y picada fina. Añadir los tomates troceados y unas hojas de albahaca fresca. Cocer durante 10 min.

– En una bandeja para horno, extender unas cucharadas de salsa de tomate, poner los filetes de carne rellenos y cubrir con un poco más de salsa.

– Meter la bandeja en el horno a 180 ºC y cocer unos 12 minutos.

– Servir caliente.

Escalopes al perejil

INGREDIENTES para 4 personas: 1/2 kg de filetes de ternera (cortados finos) • 1 manojo de perejil • el zumo de 1 limón • un chorro generoso de vino blanco • mantequilla (50 g) • sal • pimienta

– Fundir la mantequilla en una sartén y poner la carne. Dorarla bien por ambos lados.

– Añadir el zumo de limón, dejar que se consuma y rociar con un chorro generoso de vino blanco seco. Salpimentar y cocer 5 min.

– Colocar los filetes en una fuente y espolvorearlos con abundante perejil lavado y picado.

«Involtini» de carne con anchoas

INGREDIENTES para 4 personas: 4 filetes de ternera de 200 g cada uno • 250 g de mozzarella • 4 filetes de anchoa • 1/2 cubito para hacer caldo • unas hojitas de perejil • aceite de oliva virgen extra • sal • pimienta

– Disolver el cubito en un cazo con aproximadamente 1/2 litro de agua.
– Extender los cuatro filetes sobre una superficie limpia.
– Cortar la mozzarella a taquitos, colocar unos cuantos encima de cada filete, junto a las anchoas, y espolvorear con pimienta.
– Enrollar los filetes y cerrarlos utilizando mondadientes.
– Calentar el horno a 110 °C. Alinear los «involtini» en una bandeja untada de aceite, salarlos y meterlos en el horno durante 20 min.
– Si es necesario, añadir caldo de vez en cuando.
– Una vez cocidos, colocar los «involtini» en una fuente ligeramente caliente y espolvorearlos con las hojitas de perejil lavadas.

Sándwiches de ternera

INGREDIENTES para 4 personas: 16 filetes de ternera muy tierna • 250 g de mozzarella • 2 huevos • 4 zanahorias medianas • 1 manojo de albahaca • aceite de oliva virgen extra • sal • pimienta

– Utilizar el mazo para carne a fin de aplanar bien los filetes de ternera.

– Alinearlos en una superficie limpia y sazonarlos con sal y pimienta.

– Pelar las zanahorias, lavarlas, cortarlas en 4 trozos a lo largo y reservarlas.

– Cortar la mozzarella, procurando obtener 8 lonchas iguales.

– Colocar las lonchas de mozzarella sobre 8 filetes y poner 1 hoja de albahaca encima de cada una. Cubrir estos 8 filetes con los 8 restantes, a modo de sándwiches.

– Batir los huevos en un plato hondo, pasar con cuidado los 8 sándwiches, de uno en uno, y freírlos en una sartén con aceite muy caliente.

– Escurrirlos bien de aceite y disponerlos en una fuente, si es posible redonda, en medio de la cual se pondrá la zanahoria para comerla en sustitución del pan.

Estofado perfumado

– Pelar el ajo y la cebolla y lavar las hierbas aromáticas.
– Lavar la carne.

INGREDIENTES para 4 personas: 1 kg de carne de ternera para estofar • 4 tomates redondos y rojos, sin piel • 1 cebolla grande • 1 manojo de perejil • 1 rama de apio • 1 diente de ajo • 1 hoja de laurel • 2 clavos • mejorana • aceite de oliva virgen extra • sal • pimienta

– Poner en una cacerola, con un buen chorro de aceite, la cebolla y el diente de ajo enteros y el apio cortado a trozos pequeños.
– Remover y, al cabo de un momento, añadir la carne. Cocer 5 min. a fuego vivo.
– Verter un vaso de agua e incorporar el perejil, los clavos, el laurel, un poco de mejorana, sal y pimienta.
– Remover un poco más y añadir los tomates cortados a trozos pequeños.
– Cocer 30 min. a fuego medio, removiendo de vez en cuando con una cuchara de madera.
– Poner en una fuente cóncava y servir muy caliente.

Chuletas de ternera aromatizadas

INGREDIENTES para 4 personas: 4 chuletas gruesas de ternera • 4 tomates pelados • 3 dientes de ajo • el zumo de 1/2 limón • 1 puñado de semillas de hinojo • aceite de oliva virgen extra • sal • pimienta

– Verter un buen chorro de aceite en una sartén y poner 2 dientes de ajo lavados.
– Al cabo de un momento añadir la carne, previamente lavada, y dorarla bien por ambos lados durante unos 10 min. Salpimentar.
– Verter el zumo de limón sobre las chuletas y avivar el fuego para que se consuma enseguida.
– Cuando estén cocidas (unos 13 min.), sacarlas de la sartén y mantenerlas calientes en un plato tapado.
– Añadir al aceite de la sartén el otro diente de ajo, lavado y entero, unos pellizcos de semillas de hinojo, que proporcionarán un suculento aroma a la carne, y los 4 tomates pelados.
– Remover y cocer a fuego vivo 15 m. Cuando la salsa presente un aspecto espeso, sumergir en ella la carne.
– Retirar los dientes de ajo y cocer otros 5 minutos.
– Servir caliente.

Solomillo con «rucola»

INGREDIENTES para 4 personas: 4 filetes de solomillo de ternera (de 200 g cada uno) • 400 g de «rucola» • aceite de oliva virgen extra • sal • pimienta

– Lavar bien la «rucola» y sumergirla en una olla con agua hirviendo y ligeramente salada. Cocerla unos 2 min.

– Escurrirla y cortarla a trozos pequeños.

– Poner los cuatro filetes en la parrilla. Apenas hayan tomado color por ambos lados, es decir a media cocción, pasarlos a una sartén donde previamente se habrá echado un buen chorro de aceite y la «rucola».

– Salpimentar y cocer unos minutos.

Bistecs a la cazadora

INGREDIENTES para 4 personas: 4 bistecs de buey (de 200 g cada uno) • 200 g de setas • 1/2 cebolla • 1/2 vaso de caldo de cubito • 1 cucharada sopera de puré de tomate • 1 manojo de perejil • el zumo de 1/2 limón • aceite de oliva virgen extra • sal

– Dorar los bistecs 2 min. por cada lado con un buen chorro de aceite. Escurrirlos y ponerlos en un plato caliente.

– En el jugo que han soltado, dorar la 1/2 cebolla picada y las setas lavadas y cortadas a rodajitas. Verter el zumo de limón, el caldo de cubito y el tomate y salar.

– Cocer a fuego lento unos 10-15 min., incorporar los bistecs y calentarlos. Añadir el perejil lavado y recién picado y servir enseguida.

Pastel de carne

INGREDIENTES para 4 personas: 600 g de carne de buey picada • 200 g de mozzarella • 4 huevos • 50 g de queso parmesano rallado • 1 manojo de perejil • aceite de oliva virgen extra • sal • pimienta negra

– Poner en un recipiente hondo la carne picada y añadir sal, pimienta negra, 2 huevos crudos, el perejil picado y el parmesano rallado.

– Mezclar bien todos los ingredientes y extender la pasta obtenida en la superficie de un plato llano.

– Colocar en el centro la mozzarella cortada a lonchas y 2 huevos duros y pelados. Enrollarlo y ponerlo en una bandeja para horno ligeramente untada de aceite.

– Cocer 30 min. en el horno a 200 °C. Servir caliente.

NOTA: Este plato puede ir acompañado de cualquier clase de verdura, excepto patatas, ya que éstas forman parte del grupo de los hidratos de carbono.

Buey a la albahaca

INGREDIENTES para 4 personas: 400 g de carne de buey tierna y cortada a filetes muy delgados • 1 diente de ajo • 1 manojo de albahaca • 1 limón • aceite de oliva virgen extra • sal • pimienta

– Verter un buen chorro de aceite en una sartén, dorar el diente de ajo lavado y retirarlo.
– Trocear los filetes y echarlos en la sartén, con el aceite muy caliente para que se doren en unos minutos.
– Rociar la carne con el zumo de limón y hacer que éste se consuma enseguida.
– Limpiar las hojas de albahaca y añadirlas a la carne. Salpimentar y cocer 5 minutos.
– Servir muy caliente.

Buey a la páprika

– Cortar la carne a tacos medianos y lavarla.
– Pelar la zanahoria y el apio, lavarlos y picarlos en la picadora.

INGREDIENTES para 4 personas: 500 g de carne de buey • 1 lata de puré de tomate de 500 g • 2 ramas de apio • 1 zanahoria • 1 vaso de vino tinto • aceite de oliva virgen extra • sal • páprika.

– Verter un buen chorro de aceite en una cazuela, preferiblemente de barro, y sofreír las verduras durante 2 minutos.
– Transcurrido este tiempo, incorporar la carne y dejarla cocer unos minutos.
– Rociarla con el vino tinto y, cuando éste se haya evaporado, añadir el tomate y 2 o 3 vasos de agua. Cocer unas 2 horas y, cuando el caldo haya reducido, sazonar con una pizca de sal, 1 cucharadita de páprika dulce y otra de páprika picante.
– Continuar la cocción 15 min. más y servir caliente.

Solomillo al limón

INGREDIENTES para 4 personas: 600 g de solomillo de buey • 1 manojo de perejil • 2 limones • aceite de oliva virgen extra • sal

– Lavar la carne y atarla con cordel de cocina.

– Verter un chorro generoso de aceite en una cazuela, salar la carne y cocerla 1 hora y media a fuego medio.

– Una vez transcurrido este tiempo, añadir el perejil lavado y picado y el zumo de los 2 limones.

– Dejar unos minutos más en el fuego y, a continuación, retirar el cordel, cortar la carne a lonchas, ponerla en una fuente y cubrirla con el jugo de la cazuela.

– Servir caliente.

Guisado de cerdo con alcaparras

INGREDIENTES para 4 personas: 1 kg de chuletas de cerdo • 1 diente de ajo • 1 manojo de perejil • 1 cucharada sopera de alcaparras • 1/2 vaso de vino tinto • aceite de oliva virgen extra • sal • pimienta

– Salpimentar las chuletas.
– Verter un buen chorro de aceite en una sartén y freír las chuletas unos 10 min., con el diente de ajo lavado.
– Transcurrido este tiempo, rociar la carne con el vino tinto y espolvorearla con el perejil picado fino.
– Tapar la sartén y cocer a fuego lento, añadiendo toda el agua caliente que sea necesaria para finalizar la cocción.
– Al cabo de aproximadamente 1 hora y media, añadir las alcaparras picadas y más perejil, también picado.
– Cocer 20 min. más y, a continuación, sacar la carne, rociarla de salsa y servirla caliente.

«Involtini» de Enzo

– Pelar y lavar las verduras. Cortar las zanahorias por la mitad a lo largo y los hinojos en 6 trozos cada uno, y dejar que se escurran.

INGREDIENTES para 4 personas:
A) 100 g de jamón serrano cortado a lonchas finas • 100 g de requesón • 1 manojito de perejil
B) • 100 g de jamón cocido cortado a lonchas de grosor normal • 100 g de queso tipo stracchino • 2 hojas de salvia fresca

– Extender las lonchas de jamón serrano sobre una superficie limpia.
– Triturar el requesón y el perejil con la batidora hasta obtener una crema.
– Verter la crema sobre las lonchas de jamón y enrollarlas.
– Triturar el queso tipo stracchino y la salvia siguiendo el procedimiento anterior, extender la crema obtenida sobre las lonchas de jamón cocido y enrollarlas.
– Colocar los «involtini» en una fuente grande, preferiblemente oval: a un lado los de jamón serrano y al otro los de jamón cocido. Adornar el centro con el hinojo y las zanahorias.

COMO ADEREZO:
• 4 zanahorias medianas • 2 hinojos grandes

Costillas al estilo de Augusto

– Sacar las coles de Bruselas de la caja y hervirlas durante 2 min. en dos dedos de agua ligeramente salada.

INGREDIENTES para 4 personas: 500 g de costillas de cerdo tiernas • 400 g de coles de Bruselas congeladas • el zumo de 1 limón • aceite de oliva virgen extra • sal • pimienta

– Lavar la carne y ponerla en una cazuela con un buen chorro de aceite, sal, pimienta, zumo de limón y medio vaso de agua.

– Cocer a fuego medio 20 min.

– Transcurrido este tiempo, retirar la carne, ponerla en un plato y echar las coles en la cazuela.

– Cocerlas 10 min. a fuego medio. Si es necesario, añadir un chorrito de agua.

– Incorporar la carne, remover bien y servir enseguida.

Muslitos de pollo al romero

INGREDIENTES para 4 personas: 8 muslitos de pollo • 1 ramita de romero • 1 diente de ajo • el zumo de 1 limón • aceite de oliva virgen extra • sal • guindilla (o pimienta blanca)

– Lavar los muslitos de pollo y dejarlos macerar, aproximadamente 1 hora, con el zumo de limón, un chorro de aceite, el ajo pelado y picado, la guindilla (o, si se prefiere, la pimienta blanca), sal y parte del romero.

– Transcurrido el tiempo de maceración, escurrir los muslitos y ponerlos en una bandeja para horno, añadiendo un buen chorro de aceite y el resto del romero.

– Cocer a 180 °C durante 30 min.

– Servir enseguida.

Pollo con pimientos

INGREDIENTES para 4 personas: 1 pollo de 1,200 kg • 300 g de pimientos grandes y carnosos • 100 g de tomates rojos • 1 cebolla • 2 dientes de ajo • 1 chorro de vino blanco • aceite de oliva virgen extra • sal • pimienta

– Lavar los pimientos y secarlos. Asarlos a la plancha o al horno. Pelarlos, quitarles las semillas y cortarlos a filetes.

– Cortar el pollo a trozos no demasiado grandes. Calentar aceite en una sartén con los 2 dientes de ajo, poner el pollo y dorarlo bien por ambos lados.

– Sazonarlo con sal y pimienta y retirarlo de la sartén.

– En la misma sartén, sofreír la cebolla cortada a rodajas y, cuando empiece a dorarse, verter el vino blanco. Dejar que se evapore y añadir el pollo con los tomates troceados. Tapar y cocer unos 40 min. a fuego lento.

– Cinco minutos antes de apagar el fuego, incorporar los pimientos asados y una pizca de sal y retirar el ajo.

Pechuga de pollo en salsa

INGREDIENTES para 4 personas: 4 filetes de pechuga de pollo (de unos 150 g cada uno) • 300 g de tomates pelados • 1 cucharada sopera de alcaparras • 1 diente de ajo • 1 manojo de perejil • 1 pellizco de orégano (optativo) • aceite de oliva virgen extra • sal

– Dorar el diente de ajo, limpio, en abundante aceite.
– Añadir las pechugas de pollo y cocer 10 min., dándoles la vuelta.
– Retirar el diente de ajo e incorporar los tomates pelados, continuando la cocción durante 10 min. más.
– Antes de que finalice la cocción, añadir las alcaparras, el orégano, el perejil lavado y picado y sal.
– Servir caliente.

Pollo y pimientos en blanco

INGREDIENTES para 4 personas: 1 pollo de aproximadamente 1 kg • 4 pimientos amarillos carnosos • 1 cebolla • 2 dientes de ajo • 1 ramita de albahaca • el zumo de 1 limón • aceite de oliva virgen extra • sal • pimienta

– Limpiar bien el pollo por dentro y por fuera. Trocearlo, lavarlo y dejar que se escurra.
– Asar los pimientos, después de haberlos lavado y secado. Pelarlos, quitarles las semillas y cortarlos a tiritas.
– Verter un chorro generoso de aceite en una sartén y sofreír, durante unos 2 min., los dientes de ajo enteros y limpios con la cebolla pelada y picada.
– Poner los trozos de pollo en la sartén y salpimentarlos. Freírlos a fuego lento, dándoles la vuelta varias veces, hasta que la carne esté completamente dorada por todas partes. Verter el zumo de limón y avivar el fuego para que el zumo se consuma enseguida.
– Incorporar ahora las tiritas de pimiento, las hojas de albahaca limpias y un chorro de agua, y tapar la sartén.
– Cocer 15 min. a fuego lento, removiendo a menudo para que todo el pollo tome sabor.

Pollo Princesa

INGREDIENTES para 4 personas: 1 pollo de aproximadamente 1 kg • 200 g de espinacas frescas • 1 zanahoria mediana • 1 cebolla grande • 1 calabacín • 1 rama de apio • sal

– Limpiar y lavar bien el pollo por dentro y por fuera y meterlo entero en una olla. Añadir agua hasta cubrirlo y salar.

– Después de haber pelado y lavado las verduras, sumergirlas con el pollo en la misma olla. Cocer todo a fuego vivo durante 40 min.

– Una vez finalizada la cocción, escurrir las verduras y triturarlas hasta obtener una crema espesa.

– Cortar el pollo a trozos, colocarlos en una fuente procurando que queden juntos, verter la crema de verduras por encima y servir enseguida.

Delicias de pollo

INGREDIENTES para 4 personas:
4 contramuslos grandes de pollo • 300 g de champiñones frescos • 250 g de soja germinada • 1 cebolla grande • 1/2 limón • aceite de oliva virgen extra • sal

– Quitar la piel a los trozos de pollo, lavarlos, escurrirlos, ponerlos en una cazuela con un generoso chorro de aceite, sal y la cebolla picada, y sofreír durante 15 min., removiendo a menudo.

– Exprimir encima el 1/2 limón y proseguir la cocción 5 min. más.

– Retirar el pollo y reservarlo en un plato.

– En el jugo que ha quedado en la cazuela, cocer durante 10 min. los champiñones lavados y troceados. Incorporar de nuevo el pollo, además de la soja germinada y medio vaso de agua. Salar, tapar la cazuela y cocer 10 min. más.

– Servir muy caliente.

Pechugas de pollo con hinojos

INGREDIENTES para 4 personas: 400 g de pechugas de pollo • 2 hinojos grandes • 1 manojo de salvia • 1/2 limón • 1 ramita de romero • aceite de oliva virgen extra • sal • pimienta

– Lavar las pechugas de pollo, cortarlas a tiritas y dejar que se escurran.
– Limpiar los hinojos, cortando la parte dura, lavarlos y cortarlos en forma de gajos finos.
– Verter un buen chorro de aceite en una sartén, añadir los trozos de hinojo, salpimentar, rociar con un poco de agua y cocer 10 min. con la sartén tapada.
– Retirar el hinojo, dejando en la sartén el jugo obtenido, y reservarlo en un plato.
– Dorar en el jugo las tiritas de pollo, añadir el manojo de salvia y la ramita de romero, exprimir encima el 1/2 limón y cocer 10 minutos.
– Incorporar de nuevo el hinojo, además de un vaso de agua y una pizca de sal, y cocer 10 min. más.

Pollo a la crema

INGREDIENTES para 4 personas: 1 pollo de aproximadamente 1 kg • 1/2 litro de leche • 1 cebolla grande • aceite de oliva virgen extra • sal

– Limpiar bien el pollo, lavarlo y trocearlo.
– Sofreír la cebolla pelada y picada en una cazuela con un buen chorro de aceite y echar el pollo.
– Cuando esté dorado, después de unos 10 min., salarlo.
– Añadir la leche y cocer el pollo a fuego lento, con la cazuela destapada, hasta que la leche se espese.
– Calentar una fuente en el horno.
– Retirar los trozos de pollo y ponerlos en la fuente, manteniéndola en el horno para que la carne no enfríe.
– Triturar la salsa con la batidora, calentarla en un cazo limpio y verterla sobre el pollo.
– Sacar a la mesa muy caliente. Cuidado con la fuente, ¡está ardiendo!

Pollo estilo colabucci

INGREDIENTES para 4 personas: 1 pollo de aproximadamente 1 kg • 1 manojo grande de romero • 1 manojo de salvia • 1 manojo de albahaca • 5 manojos de «rucola» • 1 diente de ajo • 1 botella y media de cerveza sin alcohol • sal • pimienta

– Lavar y picar juntos la salvia, la albahaca y abundante romero.
– Limpiar y picar la «rucola» y dejarla aparte.
– Pelar el ajo.
– Lavar el pollo, quitarle la piel y trocearlo. Frotarlo con el ajo y rociarlo con un vaso de cerveza sin alcohol. Espolvorearlo con las hierbas picadas anteriormente y dejarlo macerar en una cazuela de barro unas 3 horas.
– En el momento de la cocción, calentar una olla antiadherente a fuego muy vivo. Quitarle al pollo la mayor parte de las hierbas que lo cubren, meterlo en la olla y removerlo varias veces con una cuchara de madera.
– Bajar el fuego y rociar el pollo de vez en cuando con unas cucharadas soperas de cerveza sin alcohol.
– Transcurridos unos 15 min., salpimentarlo y cubrirlo con la «rucola» picada.
– Tapar la olla y cocer 10 min. a fuego medio.
– Una vez finalizada la cocción, destapar la olla y subir el fuego para que se evapore el líquido. El pollo debe quedar bastante seco.
– Servir muy caliente en una fuente.

Conejo a la cazadora

INGREDIENTES para 4 personas: 1,200 kg de conejo • 300 g de tomates pelados • 1 rama de apio • 1/2 zanahoria • 1/4 de cebolla • unas hojas de salvia • unas hojas de romero • caldo vegetal • un poco de mantequilla • sal • pimienta

– Trocear el conejo y lavarlo. Secarlo con un paño de cocina y dorarlo con la mantequilla. A continuación añadir la sal, la pimienta y el apio, la zanahoria, la cebolla, la salvia y el romero picados.

– Cuando la carne se haya impregnado del aroma de las hierbas, incorporar los tomates pelados y troceados. Después de unos minutos, verter un cucharón de caldo vegetal.

– Tapar y cocer aproximadamente 1 hora a fuego lento.

NOTA: El caldo vegetal podéis obtenerlo diluyendo una pastilla de extracto vegetal en agua caliente.

Conejo en salsa roja

INGREDIENTES para 4 personas: 1,5 kg de conejo • 300 g de tomates • 1 ramita de laurel • 1 manojo de perejil • 1 diente de ajo • 1 chorro generoso de vino blanco seco • aceite de oliva virgen extra • sal • pimienta

– Trocear el conejo y lavarlo.
– Secarlo con un paño de cocina.
– Saltearlo en una sartén con un buen chorro de aceite y el diente de ajo limpio, que se retirará cuando esté dorado.
– Añadir sal, pimienta, la ramita de laurel y el perejil picado.
– Cuando todos los trozos de conejo estén dorados, verter un chorro de vino, dejar que se evapore e incorporar los tomates cortados a trocitos.
– Remover, tapar la sartén y cocer aproximadamente 1 hora a fuego lento.

Conejo con lechuga

INGREDIENTES para 4 personas: 1 kg de conejo • 1 lechuga • 1 ramita de romero • 1 diente de ajo • el zumo de 1 limón • aceite de oliva virgen extra • sal • pimienta

– Pelar el ajo. Lavar el romero y la lechuga. Cortar cada hoja de esta última en dos trozos y dejar que se escurra.

– Trocear el conejo, lavarlo, secarlo y ponerlo en una cacerola con un buen chorro de aceite y el diente de ajo.

– Sofreír la carne por ambos lados, a fuego medio, no más de 10 minutos.

– Rociarla con el zumo de limón y subir el fuego hasta que el líquido se consuma.

– Añadir la sal, la pimienta, el romero y un vaso de agua, y cocer 20 min. a fuego medio.

– Echar la lechuga y otro vaso de agua, y continuar la cocción durante 10 minutos más. Servir caliente.

Pavo guisado

INGREDIENTES para 4 personas: 800 g de pavo • 2 lonchitas de panceta de cerdo • 300 g de tomates pelados • 1 puñado de setas (también pueden ser secas) • 1 rama de apio • 1 zanahoria • 1 cebolla • 1 diente de ajo • 1 hoja de laurel • 1 cucharón de caldo vegetal • aceite de oliva virgen extra • sal • pimienta

– Lavar el pavo, trocearlo y sofreírlo con la panceta, también troceada.
– Añadir el apio, la zanahoria y la cebolla, después de haberlos limpiado, lavado y picado.
– Dejar el ajo entero, ya que luego habrá que retirarlo.
– Incorporar las setas picadas, después de haberlas limpiado y lavado. Remover.
– Transcurridos unos minutos, añadir los tomates pelados y troceados, el cucharón de caldo vegetal y la hoja de laurel.
– Salpimentar y cocer 1 hora, añadiendo más caldo vegetal si es necesario.

Albóndigas de pavo

INGREDIENTES para 4 personas: 800 g de carne de pavo picada • 100 g de queso parmesano rallado • 1/2 nuez moscada • 1 manojo de menta • 1 cubito para hacer caldo • 2 huevos • aceite de oliva virgen extra • sal • pimienta

– Poner en un recipiente el pavo picado, los huevos, el parmesano, un pellizco de sal, un poco de pimienta y la nuez moscada molida. Amasar y hacer albóndigas.

– Dorarlas en una sartén, escurrirlas de aceite y colocarlas en una cazuela.

– Aparte, se habrá disuelto el cubito en 1 litro de agua caliente. Rociar las albóndigas con un vaso de caldo y añadir las hojas de menta lavadas.

– Cocer 10 min. a fuego medio y, si es necesario, añadir un poco de caldo.

– Servir muy caliente.

Cordero con guisantes

INGREDIENTES para 4 personas: • 800 g de pierna de cordero • 1 kg de guisantes frescos (ya pelados) • 80 g de panceta • 2 huevos • 2 cebollas tiernas • 1 manojo de perejil • aceite de oliva virgen extra • sal

– Pelar, lavar y picar una cebolla tierna. Sofreírla en una cazuela con un buen chorro de aceite y la panceta cortada a taquitos. Cuando todo esté bien dorado (unos 5 min.), añadir los trozos de cordero lavados y escurridos. Salar, tapar la cazuela y cocer aproximadamente 1 hora a fuego lento.

– No será necesario añadir agua porque el cordero desprende líquido.

– En otra cazuela, sofreír con un poco de aceite la otra cebolla tierna lavada y picada.

– Añadir los guisantes, salar y remover varias veces.

– Cuando el aceite se haya consumido, verter 2 vasos de agua y cocer 15 min. a fuego medio.

– Una vez finalizada la cocción, espolvorear los guisantes con un puñado de perejil.

– Incorporar los guisantes al cordero, ya cocido, remover bien los ingredientes y, por último, añadir los huevos batidos, dejando la cazuela en el fuego hasta que éstos se cuajen.

– Servir enseguida.

Costillas de cordero en salsa de aceitunas

INGREDIENTES para 4 personas: 8 costillas de cordero • 200 g de aceitunas negras deshuesadas • 1 cebolla pequeña • 1 ramita de romero • 1 hoja de laurel • 3 cucharadas soperas de puré de tomate • 1 chorro generoso de vino blanco • aceite de oliva virgen extra • sal • guindilla

– Verter un buen chorro de aceite en una sartén, calentarlo y echar la cebolla picada y la ramita de romero lavada.

– Cuando la cebolla esté dorada, añadir las costillas de cordero y saltearlas a fuego vivo unos minutos.

– Salarlas, rociarlas con un chorro generoso de vino blanco y dejar que éste se evapore.

– Mientras tanto, picar las aceitunas negras deshuesadas e incorporarlas a la sartén con las tres cucharadas de tomate, la hoja de laurel y un trocito de guindilla.

– Bajar el fuego y cocer 45 minutos.

– Una vez finalizada la cocción, poner las costillas en una fuente y cubrirlas con la salsa, después de haber retirado de ésta la ramita de romero y la hoja de laurel. La salsa debe quedar espesa.

Pierna de cordero con hortalizas

INGREDIENTES para 4 personas: 1 pierna de cordero de unos 800 g • 2 zanahorias grandes • 1 cebolla grande • 2 ramas de apio • 1 manojo de perejil • el zumo de 1 limón • 1 cubito para preparar caldo vegetal • aceite de oliva virgen extra • sal • pimienta

– Pelar las hortalizas, lavarlas y picarlas a trozos grandes, dejando los rabos de perejil.

– Calentar un buen chorro de aceite en una cacerola, preferiblemente ovalada. Poner la pierna de cordero lavada y seca, y dorarla a fuego vivo durante 15 min. por ambos lados.

– Una vez dorada, rociarla con el zumo de limón y subir el fuego para que se evapore enseguida.

– Continuar la cocción 10 min. más a fuego medio.

– Cortar el cordero y reservarlo entre dos platos para que se mantenga caliente.

– En el aceite donde se ha cocinado el cordero, poner las hortalizas y dejar que se ablanden con un buen chorro de caldo, durante unos 10-12 min. a fuego lento.

– Transcurrido este tiempo, incorporar de nuevo el cordero, salpimentar, añadir dos vasos de caldo vegetal y cocer otros 10 min. Servir muy caliente.

Faisán a la cazadora

INGREDIENTES para 4 personas: 1 faisán de aproximadamente 1 kg • 1 cebolla grande • 1 diente de ajo • 2 hojas de salvia • 1 ramita de romero • aceite de oliva virgen extra • sal • vinagre
La salsa: **• 50 g de setas secas • 500 g de tomates pelados • 1 cebolla grande • 1 diente de ajo • 1 cucharada de perejil • 2 hojas de albahaca • 1 ramita de apio • aceite de oliva virgen extra • sal • pimienta**

Faisán

– Limpiarlo, lavarlo, trocearlo, ponerlo en una sartén, taparlo y cocerlo 5 min. a fuego lento, removiéndolo de vez en cuando.

– Verter en una cazuela un buen chorro de aceite, añadir la cebolla pelada y picada, las 2 hojas de salvia, la ramita de romero y el diente de ajo entero.

– Dorar todos los ingredientes y añadir el faisán. Salar y cocer 10 min.

– Rociar la carne con medio vaso de vinagre y subir el fuego para que se evapore enseguida.

Salsa

– Poner en remojo las setas durante varias horas para que se ablanden. Escurrirlas, trocearlas y reservarlas en un plato. Verter un buen chorro de aceite en una cacerola con la cebolla, el apio y el ajo picados, después de limpiarlos y lavarlos. Sofreírlos un poco y añadir los tomates, las setas y la albahaca.

– Salpimentar y cocer 10 min. a fuego medio.

– Verter la salsa en la cazuela donde está el faisán, remover un poco y añadir el perejil lavado y picado.

– Es un plato muy rico en proteínas, excelente para comerlo en los meses de más frío.

Tripa estilo Luigina

INGREDIENTES para 4 personas: 400 g de tripa limpia y hervida • 500 g de tomates • 1 cebolla grande • 2 dientes de ajo • 1 ramita de apio • 1 zanahoria • 1 cucharada sopera de queso parmesano rallado • unas hojitas de menta • aceite de oliva virgen extra • sal • pimienta

– Pelar y lavar las verduras.

– Picar muy fino el ajo y la cebolla. Cortar la zanahoria y el apio a trozos más grandes.

– Verter un buen chorro de aceite en una cazuela y sofreír las verduras durante unos 2 minutos.

– Añadir la salsa de tomate y cocer 15 min. a fuego lento.

– Cortar la tripa a tiras con las tijeras, después de haberla lavado, e incorporarla a la cazuela.

– Cocerla a fuego lento, con la cazuela tapada, durante 1 hora y 30 minutos.

– Una vez finalizada la cocción, espolvorear la tripa con el queso parmesano, las hojas de menta bien limpias, sal y pimienta, removerla durante 1 min. y ponerla en una fuente.

– Servir muy caliente.

Hígado con cebollitas

– *Lavar los filetes de hígado, cortarlos en 4 trozos cada uno y dorarlos durante 10 min. con un buen chorro de aceite.*

INGREDIENTES para 4 personas: 300 g de hígado de ternera • 300 g de cebollitas • unas hojas de salvia • el zumo de 1/2 limón • aceite de oliva virgen extra • sal • pimienta

– *Remover con frecuencia y añadir el zumo de limón. Hacer que se evapore enseguida subiendo el fuego.*

– *Sacar el hígado de la sartén y reservarlo en un plato.*

– *Pelar las cebollitas y hervirlas 3 min. en una cazuela con agua y sal. Escurrirlas y echarlas en la sartén donde se ha frito el hígado.*

– *Dorarlas durante 10 min., incorporar el hígado y sazonar con un poco de sal, pimienta, las hojas de salvia y un chorro de agua. Tapar la sartén y cocer 10 minutos.*

Hervido caprichoso

INGREDIENTES para 4 personas: 1 kg de carne de ternera sin huesos ni ternilla
• 1 ossobuco • 1 cebolla • 1 zanahoria
• 1 rama de apio • 1 litro y 1/2 de agua
• 1 cubito para preparar caldo • 1 limón
• aceite de oliva virgen extra • sal
• pimienta

– Cortar la carne a trozos grandes y lavarla.
– Ponerla con el ossobuco, también lavado, en una olla con 1 litro y 1/2 de agua como mínimo y salar.
– Pelar la cebolla, el apio y la zanahoria, lavarlos y añadirlos a la carne, junto con el cubito. Cocer 1 hora a fuego medio.
– Limpiar los guisantes (si son frescos) y cocerlos 20 min. a fuego medio con una cebolla entera, que se retirará finalizada la cocción, y un buen chorro de aceite.
– Lavar las alcachofas y limpiarlas bien, quitándoles las hojas duras y cortando los fondos. Sumergirlas en zumo de limón, dejarlas 10 min. y luego hervirlas 15 min. en una olla.
– Limpiar las cebollitas y hervirlas 10 min. en poca agua con sal.
– Limpiar las setas, lavarlas y cocerlas 15 min. en una olla, con un buen chorro de aceite, sal y pimienta negra.
– Una vez finalizada la cocción, dejar que todos los ingredientes se enfríen y aliñarlos juntos con otro chorro de aceite.
– Añadir al hervido como guarnición.

VERDURAS PARA LA GUARNICIÓN:
• 250 g de guisantes (pueden ser congelados) • 300 g de fondos de alcachofa • 200 g de cebollitas • 300 g de setas frescas (o champiñones)

Pinchitos de carne a la parrilla

– Cortar a tacos la carne y las salchichas.
– Lavar las verduras y cortarlas a dados pequeños.
– Ensartar en pinchitos los tacos de carne, los dados de verdura y las hojas de laurel, alternándolos hasta que se acaben los ingredientes.
– Rociar los pinchitos con un buen chorro de aceite y espolvorearlos con sal y pimienta.
– Preparar una parrilla, colocar encima los pinchitos y cocerlos 10 min. por ambos lados a fuego medio y constante.
– Servirlos muy calientes.

INGREDIENTES para 4 personas: 200 g de carne de ternera sin huesos ni ternilla • 200 g de carne de buey sin huesos ni ternilla • 500 g de salchichas de cerdo • 1 tomate firme • 1 berenjena* • 1 pimiento • 200 g de cebollas tiernas • 1 manojo de laurel • aceite de oliva virgen extra • sal • pimienta

* Véase la nota de la pág. 117.

Sopa de Raffaella

NGREDIENTES para 4 personas: 300 g de carne de buey picada • 400 g de espinacas frescas • 1 huevo • 1 zanahoria • 1 rama de apio • 1 cebolla grande • 1 cubito para preparar caldo • sal • guindilla

– Pelar y lavar la cebolla, el apio y la zanahoria.
– Verter 1 litro y 1/2 de agua en una olla, añadir el cubito y las verduras y hervirlas 20 min.
– Cortar las raíces de las espinacas, lavarlas bien y escurrirlas.
– Amasar la carne picada con el huevo y una pizca de sal.
– Cuando todo esté bien mezclado, hacer con las manos bolitas no demasiado pequeñas.
– Incorporarlas al caldo y cocerlas 5 min. a fuego lento.
– Añadir las espinacas con las hojas enteras y cocer otros 5 min. Procurar no dejarlo más tiempo, ya que las espinacas deben quedar «al dente».
– Espolvorear con un poco de guindilla picada, si se quiere, y servir en platos hondos o en boles.

Caldo estrellado

INGREDIENTES para 4 personas: 1 pollo de aproximadamente 1 kg • 2 huevos • 100 g de queso parmesano rallado • 1 manojo de albahaca • 1 ramita de apio • 1 cebolla grande • 1 tomate pequeño maduro • 1 limón • sal

– Limpiar el pollo, lavarlo y meterlo en una olla.

– Añadir agua hasta cubrirlo e incorporar las verduras, después de haberlas pelado y lavado.

– Salar y hervir 40 min. a fuego lento.

– Romper los huevos y ponerlos en un plato hondo, con un trozo de corteza de limón y el parmesano rallado. Salar y batir bien la mezcla.

– Colar el caldo y pasarlo a otra olla. Cuando rompa a hervir, verter la mezcla y remover deprisa durante unos minutos.

– El plato ya está a punto. Es ligero y muy nutritivo.

– Como segundo se puede servir el pollo hervido y troceado, bien con las verduras, enteras o trituradas como en el pollo Princesa, o bien con uno de los platos «comodín».

Barquitas de Romilda

INGREDIENTES para 4 personas: 200 g de queso tipo provoletta • 4 calabacines medianos • 50 g de queso parmesano rallado • 1 diente de ajo • aceite de oliva virgen extra • sal • pimienta negra

– Pelar los calabacines, lavarlos y cortarlos por la mitad a lo largo, formando una especie de barquitas. Quitarles la pulpa con ayuda de una cucharita.

– Poner en una olla la pulpa de los calabacines, el ajo lavado y cortado por la mitad y un buen chorro de aceite, y cocerlo todo unos minutos.

– Dejar que se enfríe, retirar el ajo y añadir sal, pimienta negra, el queso rallado y el queso de provoletta cortado a taquitos.

– Rellenar las barquitas de calabacín con la mezcla y cocerlas durante 30 min. en el horno, previamente calentado a 180 ºC.

– Servirlas calientes.

Cestitos de pimiento

INGREDIENTES para 4 personas: 2 pimientos amarillos grandes • 1 berenjena grande • 1 trozo de mozzarella • papel de aluminio • aceite de oliva virgen extra • sal

– Quitarles el rabo y las semillas a los pimientos, lavarlos y cortarlos por la mitad, en sentido longitudinal.

– Cocerlos 1 min. en una cazuela con agua salada hirviendo. Escurrirlos bien.

– Limpiar la berenjena, lavarla, cortarla a dados pequeños y sofreírla en una sartén durante 3 min., con un buen chorro de aceite y un poco de sal.*

– Preparar 4 «cestitos» con papel de aluminio, colocarlos en una bandeja para horno, ligeramente untada de aceite, poner encima de cada uno medio pimiento y rellenar éstos con los taquitos de berenjena.

– Calentar el horno a 180 ºC, introducir la bandeja y cocer 20 minutos.

– Cortar la mozzarella a lonchas y ponerlas sobre la berenjena. Cubrir la bandeja con un trozo de papel de aluminio y cocer 5 min. más.

– Dejar que se enfríe un poco antes de servir.

* Véase la nota de la pág. 117.

Habas salteadas

INGREDIENTES para 4 personas: 2 kg de habas frescas • 1 cebolla • aceite de oliva virgen extra • sal • pimienta

– Pelar las habas y enjuagarlas. Pelar la cebolla, lavarla y cortarla fina.

– Sofreír la cebolla en una cazuela, con un buen chorro de aceite, y cuando esté dorada añadir las habas.

– Salpimentar y tapar hasta que finalice la cocción, alrededor de 20 min. Si es necesario, añadir agua caliente durante la cocción.

– Servir enseguida.

Habas a la toscana

INGREDIENTES para 4 personas: 200 g de habas frescas peladas • 250 g de tomates pelados • 1 cebolla • 1 manojo de perejil • aceite de oliva virgen extra • sal • pimienta

– Hervir las habas unos minutos en agua ligeramente salada.
– Escurrirlas y, una vez que se han enfriado, quitarles la piel una a una y ponerlas en un plato.
– Pelar una cebolla, picarla y ponerla en una cazuela con un buen chorro de aceite. En cuanto empiece a dorarse, añadir las habas y el tomate y salpimentar.
– Cocer 10 min. a fuego medio.
– Vaciar la cazuela en una fuente y, antes de servir, espolvorear las habas con hojitas de perejil lavadas.

Champiñones rellenos

INGREDIENTES para 4 personas: 1 kg de champiñones grandes • 300 g de carne picada • 1 huevo • 50 g de queso parmesano rallado • 1 manojo de perejil • 1/2 cubito para preparar caldo • sal • pimienta

– Limpiar bien los champiñones, lavarlos y quitarles el rabo.
– Picar los rabos y reservarlos en un plato.
– Mientras tanto, poner la carne en un recipiente, añadir el perejil lavado y picado muy fino, el huevo, sal, pimienta y el parmesano rallado.
– Amasar bien la mezcla y rellenar con ella los champiñones.
– Diluir en un cazo el 1/2 cubito con medio litro de agua.
– Calentar el horno a 150 ºC.
– Colocar los champiñones rellenos en una bandeja para horno, formando un dibujo bonito, verter un cucharón de caldo, los rabos de champiñón picados y un poco de sal.
– Cocer durante 30 min. Si es necesario, añadir un poco más de caldo.

Parrillada apetitosa

INGREDIENTES para 4 personas: 2 trozos de mozzarella ahumada (de 200 g cada uno) • 4 tomates medianos • 1 berenjena grande • 1 pimiento grande (amarillo o rojo) • 1 achicoria • aceite de oliva virgen extra • sal • pimienta

– Lavar y cortar a rodajas gruesas la berenjena, en sentido longitudinal, después de haberles quitado el rabo; lavar el pimiento, quitarle las semillas y cortarlo en 4 trozos; quitarle las hojas más duras a la achicoria, lavarla y cortarla en 4 trozos a lo largo; lavar los tomates y cortarlos por la mitad en sentido longitudinal.*

– Colocar en una parrilla muy caliente los trozos de mozzarella ahumada cortados por la mitad a lo largo. Al cabo de 3 min., retirarlos y mantenerlos al calor.

– Poner ahora las verduras, sazonadas con aceite y un poco de sal y pimienta.

– Cocer 5 min. la berenjena, el pimiento y los tomates. La achicoria necesita 15 min. de cocción.

– Poner en una fuente grande la mozzarella y alrededor de ella las diferentes verduras.

* Véase la nota de la pág. 117.

Ensalada campestre

INGREDIENTES para 4 personas: 200 g de hojas verdes variadas para ensalada • 1 puñado de guisantes frescos crudos • 1 puñado de habitas peladas • 2 tomates • 10 rábanos • aceite de oliva virgen extra • sal • vinagre

– Lavar y desmenuzar las hojas verdes variadas para ensalada; lavar los guisantes, las habas y los tomates, cortando estos últimos en forma de gajos.

– Pelar los rábanos y lavarlos; cortar los rábanos en láminas muy finas que dejamos en agua para que se ricen.

– Escurrir bien todas las verduras y aliñarlas en una ensaladera con un buen chorro de aceite, sal y un poco de vinagre.

– Remover y servir.

NOTA: Si queréis, podéis añadir queso cortado a taquitos para dar más consistencia al plato.

Ensalada 18 de junio

INGREDIENTES para 4 personas: 8 tomates rojos, redondos y firmes • 2 lonchas de ternera asada fría • 2 ramas de apio blanco • 3 pepinos pequeños y frescos • 1 zanahoria • 1 cucharada sopera de mayonesa • aceite de oliva virgen extra • sal • pimienta

– Lavar y secar los tomates. Cortarlos por la mitad en sentido longitudinal y vaciarlos con cuidado, sin romperlos, con ayuda de una cucharita.

– Pelar los pepinos, lavarlos y cortarlos a trocitos; hacer lo mismo con el apio y cortar también a trocitos la ternera asada y fría.

– Añadir unas rodajitas finas de zanahoria, previamente lavada.

– Aliñarlo todo con un buen chorro de aceite, sal y pimienta, y rellenar los tomates con la mezcla.

– Por último, adornar los tomates con mayonesa y servirlos.

Ensalada Soca dance

INGREDIENTES para 4 personas: 100 g de espinacas frescas y tiernas • 200 g de queso emmental dulce • 1 corazón de apio • 100 g de achicoria • 2 tomates medianos • aceite de oliva virgen extra • sal • vinagre

– Limpiar las espinacas, lavarlas y dejar que se escurran.

– Limpiar el resto de verduras, lavarlas y cortarlas a dados pequeños.

– Cortar el queso del mismo modo.

– Ponerlo todo en una ensaladera, incluidas la espinacas con las hojas enteras. Aliñar con aceite, sal y vinagre. Remover bien y servir.

Menestra de calabaza y habas

INGREDIENTES para 4 personas: 2 kg de calabaza amarilla • 300 g de habas frescas peladas • 1 manojo de perejil • aceite de oliva virgen extra • sal • pimienta blanca

– Trocear la calabaza, quitándole las semillas y los filamentos.
– Ponerla en un cacerola grande con las habas peladas y lavadas.
– Salpimentar y verter un buen chorro de aceite, sin añadir agua.
– Tapar la cacerola y cocer 20 min. a fuego vivo.
– Durante los últimos 5 min., destapar la cacerola en caso de que la menestra quedara demasiado caldosa.
– Espolvorear con un buen puñado de perejil picado y servir.

Albóndigas de Federica

INGREDIENTES para 4 personas: 3 berenjenas medianas • 200 g de queso parmesano rallado • 3 huevos • 8 cucharadas soperas de salsa de tomate • 1 mozzarella • unas hojas de albahaca • unas hojas de perejil • 1 pizca de nuez moscada • aceite de oliva virgen extra • sal

– Quitarles el rabo a las berenjenas, lavarlas, pelarlas y cortarlas a trozos muy pequeños. Tenerlas bajo presión con un poco de sal. Estrujarlas bien y cocerlas 2 min. en una sartén tapada, donde se habrá vertido un buen chorro de aceite.*

– Dejar que se enfríen y ponerlas en un recipiente hondo.

– Incorporar los huevos batidos, el parmesano, una pizca de nuez moscada molida, la albahaca y el perejil lavados y picados.

– Aparte, cortar la mozzarella a dados pequeños.

– Hacer albóndigas de tamaño medio con la mezcla preparada y, en el centro de cada una, poner 2 o 3 trocitos de mozzarella.

– Colocar las albóndigas en una bandeja untada de aceite, rociarlas con el puré de tomate y cocerlas a fuego medio (160 °C) unos 10 minutos.

* Véase la nota de la pág 117.

Albóndigas de calabacín

INGREDIENTES para 4 personas: 600 g de calabacín • 200 g de queso parmesano rallado • 4 huevos • unas hojas de perejil • unas hojas de albahaca • aceite de oliva virgen extra • sal

– Lavar los calabacines, pelarlos y cortarlos a trozos muy pequeños. Ponerlos en una cacerola con un poco de sal y cocerlos 5 min. a fuego medio, cubriéndolos con una tapadera.

– Una vez finalizada la cocción, retirar el líquido que hayan soltado los calabacines.

– Aparte, batir los huevos y añadir el parmesano y las hojas de albahaca y de perejil lavadas y picadas.

– Incorporar los trocitos de calabacín y, con la pasta obtenida, hacer albóndigas de tamaño medio.

– Freírlas con abundante aceite unos minutos por ambos lados. Se obtendrán unas albóndigas cremosas y de agradable sabor.

Tres gustos

INGREDIENTES para 4 personas: 8 lonchas de queso tipo caciotta (de 2 cm de grosor cada una) • 1 kg de achicoria • 8 zanahorias medianas • aceite de oliva virgen extra • sal • vinagre

– Pelar la achicoria, lavarla y sumergirla durante 20 min. en una olla con agua salada hirviendo.
– Escurrirla, desmenuzarla y aliñarla, en una ensaladera, con aceite, sal y vinagre. Removerla bien y pasarla a una fuente.
– Aparte, pelar las zanahorias, lavarlas, cortarlas a lo largo en 4 trozos y ponerlas en una fuente.
– Quitar la parte dura de las lonchas de queso.
– Calentar el horno a 250 ºC.
– Una vez alcanzada esta temperatura, colocar las lonchas de queso en la plancha del horno y dejarlas unos minutos, hasta que se ablanden, pero no demasiado (no deben chorrear).
– Sacarlas enseguida a la mesa en una fuente, muy calientes, junto a los otros dos platos que contienen las verduras.

Pescados

Calamares rellenos

INGREDIENTES para 4 personas: 8 calamares grandes • 6 tomates pelados • 1 docena de aceitunas verdes • 2 dientes de ajo • 1 cucharada sopera de alcaparras • 2 manojos de perejil • aceite de oliva virgen extra • sal • pimienta • guindilla • orégano fresco

– Limpiar los calamares, quitarles las patas y lavarlos.

– Echar en una sartén un buen chorro de aceite, un diente de ajo pelado y las patas troceadas. Sofreírlo unos minutos y añadir las aceitunas deshuesadas y partidas por la mitad, las alcaparras, el perejil lavado y picado, 2 tomates pelados y un trocito de guindilla.

– Remover durante unos minutos, retirar del fuego y dejar enfriar.

– Con estos ingredientes, rellenar los calamares y coserlos para que el relleno no se salga.

– En una cazuela, dorar el otro diente de ajo, pelado, con un buen chorro de aceite. Poner los calamares rellenos y añadir el resto de tomates pelados.

– Salpimentar, añadir una pizca de orégano fresco y cocer 30 min. a fuego lento.

Mejillones con hierbas aromáticas

– *Limpiar y lavar los mejillones.*
– *Echarlos en una cazuela, tapar ésta y cocer a fuego lento unos minutos, hasta que las conchas se abran.*
– *Quitarle una concha a cada uno y tirarla.*
– *Lavar y picar, muy fino, la albahaca, el perejil y el ajo. Ponerlo en un bol y añadir aceite, unas gotas de tabasco y seis cucharadas del agua de cocer los mejillones, colada.*
– *Remover bien.*
– *Cubrir con sal gruesa el fondo de una bandeja para horno y colocar los mejillones uno junto a otro.*
– *Calentar el horno a 180 ºC, meter la bandeja y sacarla al cabo de unos segundos.*
– *Verter la salsa sobre los mejillones con ayuda de una cuchara.*
– *Servir.*

INGREDIENTES para 4 personas: 20 mejillones grandes • 1 manojo de albahaca • 1 manojo de perejil • 1 diente de ajo pequeño • sal gruesa • aceite de oliva virgen extra • tabasco

Ensalada de pulpo y aceitunas

INGREDIENTES para 4 personas: 1 pulpo de aproximadamente 1 kg y 1/2 • 200 g de aceitunas negras • 1 manojo de perejil • 2 dientes de ajo • el zumo de 1 limón • aceite de oliva virgen extra • sal (optativo)

– Limpiar el pulpo y golpear los tentáculos con la maza hasta ablandarlos.

– Poner en una olla la cantidad de agua justa para cubrir el pulpo. Cuando rompa a hervir, sumergir el pulpo sosteniéndolo por la parte de la cabeza. Repetir esta operación 3 veces, hasta que los tentáculos se arruguen. A continuación, sumergirlo por completo y hervirlo 50 min. con la olla destapada.

– Mientras tanto, pelar el ajo y picar el perejil y las aceitunas. Ponerlo todo en un bol con 1/2 vaso de aceite y el zumo de limón. Remover bien la salsa.

– Cuando el pulpo se haya enfriado, escurrirlo, trocearlo, ponerlo en una fuente y aliñarlo con la salsa.

NOTA: Es un plato que no debería necesitar sal, pero, si lo encontráis un poco insípido, echad la cantidad que os parezca oportuna.

Calamarcitos Porto Santo Stefano

INGREDIENTES para 4 personas: 400 g de calamarcitos • unas cuantas setas frescas • 2 cucharadas soperas de salsa de tomate • 1 diente de ajo • 1/2 cebolla • 1 ramita de romero • aceite de oliva virgen extra • sal • pimienta o guindilla

– Lavar las setas y cortarlas a tacos. En el caso de que fueran secas, dejarlas en remojo 15 min. y picarlas.

– Limpiar la ramita de romero, el diente de ajo y la 1/2 cebolla, y cortar ésta a rodajitas.

– Sofreírlo todo en una cazuela, con un buen chorro de aceite, hasta que la cebolla y el ajo estén dorados.

– Retirar el diente de ajo y echar en la cazuela las setas y la salsa de tomate. Cocer 5 min.

– Incorporar los calamarcitos limpios y lavados. Salpimentar.

– Cocer a fuego lento aproximadamente 1 hora y, si es necesario, añadir un poco de agua.

– Servir muy caliente.

Pulpitos rehogados

INGREDIENTES para 4 personas: 800 g de pulpitos • 400 g de tomates pelados • 1 diente de ajo • 1 cebolla pequeña • aceite de oliva virgen extra • sal • guindilla

– Limpiar los pulpitos, quitarles los ojos, vaciarlos y lavarlos bien.

– Sofreír en una cazuela, con un buen chorro de aceite, la cebolla pelada, lavada y picada y el diente de ajo pelado.

– Añadir los tomates pelados y un trocito de guindilla. salar y cocer 10 min.

– Incorporar los pulpitos y cocer 20 min. con la cazuela tapada.

– Servir caliente.

Pulpitos del Valle

INGREDIENTES para 4 personas: 1 kg de pulpitos muy pequeños • 2 dientes de ajo • 2 manojos de perejil • 3 cucharadas soperas de zumo de limón • aceite de oliva virgen extra • pimienta

– Limpiar y lavar los pulpitos; hervirlos en una olla con poca agua entre 20 y 30 min. (el tiempo de cocción depende de su tamaño).
– Una vez cocidos, escurrirlos y trocearlos.
– Aliñarlos con el zumo de limón, un buen chorro de aceite, el perejil lavado y picado y pimienta.
– Si se quiere, se pueden añadir también los 2 dientes de ajo picados.
– Dejar que los pulpitos se impregnen bien antes de servirlos.
– Son muy sabrosos tanto fríos como calientes.

Pulpo en «rojo»

INGREDIENTES para 4 personas: 1 pulpo muy fresco de 1 kg • 1 cebolla • 2 cucharadas soperas de concentrado de tomate • 1 manojo de perejil • aceite de oliva virgen extra • sal • pimienta

– Pelar la cebolla, lavarla, cortarla fina y dorarla en una olla con un buen chorro de aceite.

– Incorporar el concentrado de tomate y cocer 10 min., añadiendo de vez en cuando un poco de agua. Echar pimienta y muy poca sal.

– Mientras tanto, lavar el pulpo, golpear con la maza los tentáculos hasta que se ablanden y trocearlo. A continuación incorporarlo a la salsa, junto con abundante perejil lavado y picado. Añadir agua hasta cubrirlo.

– Hervirlo a fuego lento sin tapar la olla aproximadamente 1 hora, removiendo a menudo. Una vez finalizada la cocción, dejar que el pulpo se enfríe en su salsa. Recalentarlo cuando se vaya a servir.

Sepias al estilo de Enzo

INGREDIENTES para 4 personas: 4 sepias frescas medianas (800 g en total) • 400 g de espinacas • 2 dientes de ajo • el zumo de 1 limón • aceite de oliva virgen extra • sal

– Limpiar las sepias, lavarlas y trocearlas. Retirar y reservar la bolsa que contiene la tinta.
– Pelar 1 diente de ajo y dorarlo en una cazuela, con un buen chorro de aceite.
– Añadir las sepias y sofreírlas durante 10 min. Rociarlas con el zumo de limón y dejar que éste se consuma.
– Mientras tanto, limpiar y lavar las espinacas y el otro diente de ajo. En otra cazuela, dorar el ajo con un chorro de aceite y añadir las espinacas.
– Salar y cocer las espinacas unos minutos.
– Retirar el diente de ajo y echar las espinacas a la cazuela donde están las sepias.
– Añadir la tinta y remover bien antes de servir.

Sepia tricolor

INGREDIENTES para 4 personas: 1 kg de sepia • 2 kg de acelgas • 2 cucharadas soperas de salsa de tomate • 2 dientes de ajo • aceite de oliva virgen extra • sal

– Limpiar las sepias, lavarlas y trocearlas.
– Limpiar y lavar las acelgas. Echarlas en una olla con agua salada hirviendo y cocerlas 10 min.
– Escurrirlas muy bien, estrujándolas para que suelten toda el agua, y trocearlas.
– Verter un buen chorro de aceite en una sartén, sofreír los 2 dientes de ajo lavados, retirarlos cuando estén dorados y poner las sepias troceadas. Cocerlas 15 min. con la sartén tapada.
– Añadir la salsa de tomate y, después de unos minutos, incorporar también las acelgas. Salar y finalizar la cocción con la sartén destapada (unos 5 min.).

Ensalada de sepia

INGREDIENTES para 4 personas: 1 kg de sepias pequeñas • 150 g de tomates firmes medianos • 100 g de aceitunas (verdes o negras) • 1 pimiento de 100 g • 1 corazón de apio • 1 cebolla • 1 hoja de laurel • el zumo de 1 limón • aceite de oliva virgen extra • sal • pimienta

– Limpiar, lavar y cortar a dados pequeños el corazón de apio, los tomates y el pimiento; deshuesar las aceitunas y cortar fina la cebolla, una vez pelada y lavada.

– Poner todas las verduras en una ensaladera y aliñarlas con sal, pimienta y zumo de limón.

– Mientras tanto, calentar en una cacerola agua con un poco de sal y la hoja de laurel; cuando rompa a hervir, echar las sepias y cocerlas 15 min.

– Escurrirlas y secarlas bien.

– Mezclarlas con las verduras, echar un buen chorro de aceite y remover.

Tellinas, mejillones y almejas en salsa

– Por la mañana, dejar en remojo con agua y sal las tellinas, los mejillones y las almejas. Cambiar el agua varias veces para eliminar los posibles restos de arena.

INGREDIENTES para 4 personas: 1 kg de tellinas • 1 kg de mejillones • 1 kg de almejas • 1 kg de tomates pelados • 1 diente de ajo • 1 manojo de perejil • aceite de oliva virgen extra • guindilla • sal

– En una cazuela, dorar el diente de ajo con abundante aceite. Transcurrido 1 min., añadir los tomates, un trocito de guindilla y el perejil lavado y picado.

– Incorporar las tellinas, los mejillones y las almejas. Cuando empiecen a abrirse, remover con frecuencia hasta que se abran todos.

– Servir muy caliente en una fuente grande.

Galeras «romañolas»

INGREDIENTES para 4 personas: 1 kg de galeras (preferiblemente con huevas) • 200 g de tomates pelados • 4 dientes de ajo • 1 manojo grande de perejil • la corteza de 1 limón • aceite de oliva virgen extra • sal • pimienta

– Lavar las galeras, cortarlas lateralmente con las tijeras para eliminar las partes pinchosas, practicar un corte vertical en la cáscara y colocarlas en una cazuela grande, con un chorro de aceite y el ajo pelado.

– Dorarlas unos minutos y añadir los tomates y abundante perejil, lavado y picado.

– Pelar un limón, lavar la corteza, secarla y echarla a la cazuela. Salpimentar y cocer 30 min. a fuego medio.

Colas de cigala al enebro

– *Limpiar y lavar las judías. Hervirlas 7 min. en agua con un poco de sal. Escurrirlas y dejar que suelten toda el agua.*

INGREDIENTES para 4 personas: 700 g de colas de cigala • 120 g de judías verdes • 3 escalonias • 30 g de bayas de enebro • el zumo de 1 limón • aceite de oliva virgen extra • sal • pimienta

– *Cortar por la mitad las colas de cigala y las escalonias. Lavarlas y sofreírlas en una cazuela, con un buen chorro de aceite, junto a las bayas de enebro.*
– *Cocer 3 min. a fuego vivo.*
– *Verter el zumo de limón, salpimentar y continuar la cocción durante unos minutos.*
– *Poner las judías en una fuente, formando una base, y rociarlas con un chorrito de aceite. Cubrirlas con las colas de cigala y las escalonias.*
– *Servir enseguida.*

Cangrejos guisados

– *Lavar y secar los cangrejos.*
– *Dorar en una cazuela, con un buen chorro de aceite, el diente de ajo pelado.*

INGREDIENTES para 4 personas: 500 g de cangrejos frescos medianos • 1 diente de ajo • 1 manojo de perejil • 1 cucharadita de alcaparras • el zumo de 1/2 limón • aceite de oliva virgen extra

– *Añadir los cangrejos y cocer 10 min.*
– *Incorporar el perejil lavado y picado, las alcaparras y el zumo de limón.*
– *Continuar la cocción unos minutos y retirar el diente de ajo antes de servir.*

Cigalas al horno

INGREDIENTES para 4 personas:
• 12 cigalas • 200 g de tomates de pera • 1 puerro • 1 diente de ajo • 1 ramita de tomillo • 1 ramita de salvia • 1 manojo de albahaca • el zumo de 1 limón • aceite de oliva virgen extra • sal • pimienta fresca en grano

– Limpiar el diente de ajo; lavar y limpiar el puerro y picarlo.
– En una bandeja para horno, dorar durante 2 min. el ajo y el puerro picado con un buen chorro de aceite.
– Retirar el diente de ajo dorado y añadir la salvia, el tomillo y la albahaca limpios. Remover.
– Incorporar los tomates troceados, salar y cocer 5 min. A continuación, colocar las cigalas sobre el tomate, rociarlas con el zumo de limón y echar unos granos de pimienta fresca.
– Meter la bandeja en el horno a 220 ºC y cocer 15 min.

Ensalada «Alegría»

INGREDIENTES para 4 personas: 800 g de cangrejos • 200 g de judías verdes • 200 g de calabacines • 200 g de zanahorias • 1 lechuga tierna • 2 hojas de laurel • el zumo de 1 limón • aceite de oliva virgen extra • sal • pimienta

– Hervir durante 15 min. los cangrejos en agua con un poco de sal y las hojas de laurel. Escurrirlos y, cuando estén fríos, pelarlos.

– Lavar la lechuga, cortarla a tiras y secarla con un paño de cocina.

– Cocer «al dente», en una cazuela con agua ligeramente salada y por separado, las judías troceadas y las zanahorias y los calabacines cortados a dados pequeños, después de haberlo limpiado todo.

– Escurrir las verduras y ponerlas en una ensaladera grande, con los cangrejos y la lechuga.

– Aliñar con aceite, sal, pimienta y el zumo de limón.

Ensalada intrigante

INGREDIENTES para 4 personas: • 150 g de «rucola» • 40 cangrejos medianos • 200 g de queso de oveja no muy seco • 1 rodaja de limón • aceite de oliva virgen extra • sal

– Limpiar la «rucola», lavarla, secarla y aliñarla con aceite y sal.

– Hervir durante 5 min. los cangrejos, en agua con un poco de sal y la rodaja de limón. A continuación, dejarlos enfriar y pelarlos.

– Repartir la «rucola» en cuatro platos, preferiblemente rectangulares.

– Colocar sobre la «rucola» los cangrejos (10 por persona) y una capa de queso cortado a escamas finas.

Pinchitos de cigala

INGREDIENTES para 4 personas: • 800 g de cigalas medianas • 2 dientes de ajo • 1 manojo de perejil • 1 ramita de laurel • 1 vaso de zumo de limón • aceite de oliva virgen extra • sal • pimienta

– Lavar las cigalas, pelarlas, escurrirlas bien y colocarlas en una fuente grande.

– Rociarlas con el zumo de limón y un chorro de aceite; añadir las hojas de laurel, el ajo pelado y el perejil lavado y picado. Salpimentar y dejar en maceración unas horas.

– Transcurrido este tiempo, ensartar las cigalas en los pinchitos y asarlos a la parrilla, a fuego medio, durante 15 min. Si no se dispone de parrilla, colocarlos en una bandeja y cocerlos al horno a 180 ºC, también durante 15 min.

Boquerones a la sal

INGREDIENTES para 4 personas: 16 boquerones (unos 250 g) • 1 pimiento amarillo • 1 pepino fresco • 3 cucharadas soperas de sal • el zumo de 1 limón • 3 ramitas de mejorana • aceite de oliva virgen extra • pimienta blanca

– Limpiar los boquerones, quitarles las espinas y lavarlos.
– Secarlos y colocarlos en una fuente, espolvoreándolos con la sal y la mejorana.
– Cubrir el plato con una película transparente y dejarlo en el frigorífico 1 hora.
– Transcurrido este tiempo, lavar los boquerones, ponerlos en otro plato, rociarlos con abundante zumo de limón y un chorro de aceite y espolvorearlos con pimienta blanca recién molida.
– Por último, lavar el pimiento y pelar el pepino.
– Cortar el pimiento a taquitos y el pepino a rodajas finas.
– Decorar los boquerones, poniendo los taquitos de pimiento en el centro del plato y las rodajas de pepino alrededor.

Bacalao marinado

INGREDIENTES para 4 personas: 1 kg de bacalao en remojo • 4 dientes de ajo • 1 manojo grande de perejil • aceite de oliva virgen extra • 2 guindillas

– *Trocear el bacalao, lavarlo y secarlo.*
– *Ponerlo en una cazuela de barro con los dientes de ajo pelados, el perejil lavado y picado y las guindillas desmenuzadas, y rociarlo con un buen chorro de aceite.*
– *Dejarlo marinar aproximadamente 5 horas.*
– *Colocarlo en una parrilla caliente y cocerlo a fuego medio durante 20 min., dándole la vuelta de vez en cuando.*
– *Servirlo con el líquido de la marinada.*

Filetes de pescadilla con calabacines

INGREDIENTES para 4 personas:
4 pescadillas (900 g en total) • 2 calabacines (300 g en total) • 1 tomate maduro (150 g) • 1 ramita de romero • 1/2 cebolla pequeña • aceite de oliva virgen extra • sal • pimienta

– Limpiar y lavar las pescadillas. Cortarlas por la mitad a lo largo y quitarles la raspa de espinas, de manera que queden 8 filetes.

– Colocarlos en una bandeja para horno, uno junto a otro.

– Salpimentar y rociar con un buen chorro de aceite.

– Cubrir la bandeja con papel de aluminio, meterla en el horno a 180 °C y cocer durante 20 min.

– Cortar el rabo a los calabacines, lavarlos y cortarlos a lonchas largas y finas.

– En una olla, dorar la 1/2 cebolla picada con un buen chorro de aceite, añadir el tomate y cocer a fuego lento 10 min., hasta que se consuma el líquido del tomate.

– Calentar en una sartén un poco de aceite con el romero, añadir el calabacín, salar y cocer 4 min.

– Incorporar la salsa de tomate y continuar la cocción 2 min. más.

– Por último, verter la salsa con los calabacines sobre los filetes de pescado y cocer otros 10 min.

– Servir caliente.

Filetes de lenguado y berenjena

INGREDIENTES para 4 personas: 8 filetes de lenguado frescos (o de platija congelada) • 3 berenjenas medianas • 1/2 kg de tomates de pera • 1 ramita de perejil • aceite de oliva virgen extra • sal

– Cortarles el rabo a las berenjenas, lavarlas y cortarlas a rodajas en sentido longitudinal.

– Dorarlas en una sartén, por ambos lados, con abundante aceite.

– Escurrirlas bien, colocándolas sobre papel de cocina para que éste absorba el aceite.

– Mientras tanto, limpiar los lenguados, quitarles las espinas, lavarlos y secarlos. También se pueden utilizar filetes de platija congelados, ya que no tienen espinas.

– Lavar los tomates, hervirlos durante 10 min., pelarlos y pasarlos por el pasapurés. A continuación, cocerlos en una olla hasta que quede una salsa espesa. Salar.

– Por último, en una bandeja para horno, colocar una rodaja de berenjena frita sobre cada filete de lenguado y añadir 2 cucharadas soperas de salsa de tomate y un chorrito de aceite encima de cada una. Salar un poco y cocerlo al horno a 180 ºC durante 10 min.

– Espolvorear con el perejil lavado y picado y servir.

INOTA; Las berenjenas reducen el índice de colesterol. Además, son depurativas y, en consecuencia, desintoxicantes.

IMPORTANTE: Una vez se han cortado las berenjenas a rodajas o a taquitos, siempre es aconsejable salarlas un poco y dejarlas durante unos 30 min. en un colador con una tapadera encima que ejerza una ligera presión. Con ello se consigue que segreguen un líquido oscuro que suele darles un sabor amargo.

Filetes de salmonete «Sirtaki»

INGREDIENTES para 4 personas:
• 12 salmonetes • 200 g de tomates de pera • 100 g de aceitunas negras • 2 hojas de albahaca • aceite de oliva virgen extra • sal • pimienta

– Limpiar y lavar los salmonetes, quitándoles la raspa de espinas.
– Cortarlos a filetes y rociarlos con un buen chorro de aceite.
– Salarlos y cocerlos 5 min. en una cazuela, a fuego medio.
– Mientras tanto, deshuesar las aceitunas, lavar y cortar los tomates a dados pequeños y mezclarlo todo bien.
– Cubrir los filetes de salmonete con las aceitunas y el tomate, echar pimienta y añadir las hojas de albahaca bien limpias.
– Cocer al horno, a 160 °C, unos minutos.

Besugos «a la papillote»

INGREDIENTES para 4 personas: 4 besugos de unos 300 g cada uno • 250 g de champiñones • 100 g de aceitunas verdes deshuesadas • 1 manojo de perejil • 1 diente de ajo • aceite de oliva virgen extra • sal • pimienta

– Limpiar los besugos, quitarles las escamas y lavarlos bien.

– En una olla, dorar el diente de ajo con un buen chorro de aceite. Añadir los champiñones lavados y cortados por la mitad.

– Espolvorearlos de perejil picado y cocerlos 1 min. Retirar el ajo y salpimentar.

– Rellenar los besugos con los champiñones triturados y unas cuantas aceitunas.

– Colocar cada besugo en un trozo grande de papel de estaño, rociarlo con un chorrito de aceite, echar una pizca de sal y envolverlo.

– Ponerlos en una bandeja para horno y cocerlos durante 20 min. a 180 ºC.

Ensalada variada

INGREDIENTES para 4 personas: 2 anchoas • 150 g de escarola • 150 g de achicoria • 150 g de zanahorias • 1 tomate no demasiado maduro • 1 pepino • 50 g de alcaparras • 1 cebolla tierna • aceite de oliva virgen extra • vinagre aromatizado • sal • pimienta

– Limpiar y lavar bien todas las verduras.
– Cortar las zanahorias a tiritas, el tomate en forma de gajos y el resto de verduras a taquitos.
– Ponerlas todas en una ensaladera grande.
– Aparte, preparar una salsa con la cebolla tierna, las anchoas lavadas y las alcaparras, todo picado muy fino, además de un buen chorro de aceite y una cucharada sopera de vinagre aromatizado. Salpimentar.
– Rociar las verduras con la salsa, remover y servir.

Caballa con aceitunas verdes

INGREDIENTES para 4 personas: 1 kg de caballas • 100 g de aceitunas verdes • 1 diente de ajo • 2 ramitas de perejil • aceite de oliva virgen extra • sal • pimienta

– Limpiar las caballas, lavarlas y secarlas.
– Ponerlas en maceración con un buen chorro de aceite, sal, pimienta, un diente de ajo y unas hojas de romero, durante unos 30 min.
– Transcurrido este tiempo, ponerlas en una cazuela y añadir las aceitunas y el jugo de la maceración.
– Cocer 20 min. en el horno a 180 ºC.

Rape con zanahorias y guisantes

INGREDIENTES para 4 personas: 600 g de rape a rodajas • 150 g de zanahorias • 80 g de guisantes pelados o congelados • 30 g de cebolla • el zumo de 1 limón • aceite de oliva virgen extra • sal • pimienta

– Pelar las zanahorias, lavarlas y cortarlas a trozos pequeños.

– Hervir los guisantes 5 min. en un cazo con un poco de agua; a continuación añadir las zanahorias troceadas y cocer otros 5 min. Escurrir las verduras.

– Pelar la cebolla, picarla muy fina y dorarla en una cazuela con un buen chorro de aceite.

– Freír las rodajas de rape por ambos lados, verter el zumo de limón y subir el fuego para que el limón se consuma enseguida.

– Añadir las zanahorias y los guisantes, salpimentar y cocer 10 min. a fuego medio.

Platijas Purella

INGREDIENTES para 4 personas: 1 caja de 400 g de platijas congeladas • 1 pimiento amarillo pequeño y dulce • 1 calabacín • 1 berenjena* pequeña • unas hojas de albahaca fresca • 4 cucharadas soperas de salsa de tomate • mondadientes • aceite de oliva virgen extra • sal

– Sacar las platijas de la caja y dejarlas descongelar en un colador; secarlas con un paño de cocina limpio y extenderlas una junto a otra sobre una superficie.

– Pelar las verduras, lavarlas y cortarlas en sentido longitudinal, formando bastoncillos iguales y bastante finos, de unos 5 cm. de largo.

– Verter un buen chorro de aceite en una sartén y sofreír las verduras, después de haberlas salado, unos 5 min. a fuego medio.

– Escurrirlas bien de aceite y colocarlas, repartiéndolas en partes iguales, sobre los filetes de platija.

– Enrollar los filetes de pescado y cerrarlos con un mondadientes.

– Si sobran verduras, añadirlas a la salsa.

– Poner los rollitos de pescado en la sartén donde ha quedado el aceite de freír las verduras, añadiendo un poco más de aceite, y dorarlos durante 3 min. a fuego medio. Añadir la salsa de tomate y un poco de agua; salar un poco, incorporar las hojas de albahaca limpias y las eventuales verduras sobrantes, tapar y finalizar la cocción a fuego lento durante 4 min.

– Servir caliente.

* Véase la nota de la pág. 196.

Pez de San Pedro en salsa

– *Lavar el perejil, poner todos los ingredientes para la salsa en la batidora y triturarlos hasta obtener una crema más bien espesa.*

INGREDIENTES para 4 personas: 1 kg y 1/2 de pez de San Pedro • 1/2 cebolla • la corteza de 1 limón • 1 manojo de perejil • sal
La salsa: **• 80 g de alcaparras • 1 manojo de perejil • 6 cucharadas soperas de aceite de oliva virgen extra • 3 cucharadas soperas de vinagre • 2 cucharadas soperas de agua fría**

– *Después de limpiar y lavar el pescado, ponerlo en una cazuela con agua fría en cantidad suficiente para cubrirlo. Añadir la corteza lavada del limón, el manojo de perejil lavado, la media cebolla pelada y sal. Tapar y hervir 10 min.*

– *Escurrir el pescado, quitarle la cabeza y colocarlo en una fuente.*

– *Verter la salsa sobre el pescado y servirlo enseguida.*

Sargo a la marinera

INGREDIENTES para 4 personas: 4 sargos (700 g en total) • 3 limones • 2 ramitas de mejorana fresca • aceite de oliva virgen extra • sal • pimienta

– Limpiar los sargos, lavarlos y quitarles la raspa de espinas.
– Colocarlos en una fuente y rociarlos con abundante zumo de limón.
– Cubrir la fuente con una película transparente y dejarlo al fresco durante 3 horas.
– Aparte, preparar una salsa con un chorrito de aceite, una pizca de sal, pimienta y las hojas de mejorana lavadas, y dejarla reposar.
– Una vez que han transcurrido las 3 horas, escurrir los sargos, secarlos bien con un paño de cocina y aliñarlos con la salsa.
– Los sargos resultarán ligeros y apetitosos.

Lenguados con mantequilla

– Limpiar los lenguados, lavarlos y secarlos.
– Poner un poco de mantequilla en una sartén, los lenguados y el zumo de limón. Salpimentar.
– Tapar la sartén para que el vapor facilite la cocción del pescado, que estará a punto en 15 min.

INGREDIENTES para 4 personas: 4 lenguados (600 g en total) • el zumo de 1 limón • mantequilla • sal • pimienta

Pinchitos de pescado variado

INGREDIENTES para 4 personas: 400 g de pez espada • 1 mero de 400 g • 1 atún de 400 g • 600 g de cebollitas • 300 g de setas frescas (la variedad a vuestra elección) • 200 g de aceitunas verdes • 4 tomates grandes y firmes • aceite de oliva virgen extra • sal

– Limpiar el mero y el atún, lavarlos y quitarles la cabeza y las espinas.
– Lavar el pez espada y cortar a taquitos la carne de todos los pescados (si no se encuentra un atún pequeño, se puede sustituir por 400 g de atún a rodajas).
– Deshuesar las aceitunas. Pelar las cebollitas, limpiar los tomates y las setas y lavarlo todo. Cortar los tomates y las setas a trozos grandes.
– Ensartar en los pinchitos, alternándolos, 1 trozo de pescado, 1 cebollita, 1 trozo de tomate, 1/2 seta y 1 aceituna deshuesada, y así sucesivamente hasta que se acaben los ingredientes.
– Salar los pinchitos, rociarlos con un poco de aceite y cocer a la plancha o al horno a 180 ºC. En el segundo caso, alinear los pinchitos en una bandeja ligeramente untada de aceite.

Lubina «rubí»

INGREDIENTES para 4 personas: 1 lubina fresca de 800 g • 10 tomates frescos y rojos de pera • el zumo de 1 limón • aceite de oliva virgen extra • sal • pimienta

– Limpiar la lubina y lavarla.

– Verter un buen chorro de aceite en una bandeja para horno para que quede bien untada y colocar en ella el pescado. Salpimentarlo y rociarlo con el zumo de limón.

– Limpiar y lavar los tomates. Ocho de ellos van cortados por la mitad a lo largo y colocados cuidadosamente alrededor del pescado; los otros dos van a rodajas, también cortadas a lo largo, y cubriendo la lubina. Salpimentar tanto los tomates como la parte del pescado que quede al descubierto.

– Este plato resulta más sabroso si se cuece en un horno de leña; sin embargo, a falta de éste, calentar el horno eléctrico a 200 °C e introducir en él la bandeja. El pescado estará a punto después de 20 min. de cocción.

Pejepalo «Renato»

INGREDIENTES para 4 personas: 1 kg de pejepalo en remojo • 100 g de aceitunas negras • 500 g de tomates pelados • 2 cebollas • 1 manojo de perejil • aceite de oliva virgen extra • 1 pizca de orégano

– Trocear el pejepalo, lavarlo y secarlo.
– En una cazuela grande, dorar las 2 cebollas, peladas y cortadas a rodajas, con un buen chorro de aceite.
– Añadir el pescado.
– Después de unos minutos, incorporar los tomates pelados y troceados, las aceitunas, una pizca de orégano y el perejil lavado y picado.
– Meter en el horno a 180 °C y cocer durante 30 min.

Atún al limón

INGREDIENTES para 4 personas: 2 rodajas grandes de atún fresco (400 g) • 2 limones • 1 diente de ajo • 1 manojo de perejil • aceite de oliva virgen extra • sal • pimienta

– Lavar un limón, secarlo bien y raspar la corteza. Exprimir la pulpa y verterla en un bol. Pelar un diente de ajo y picarlo.

– Mezclarlo todo en el bol que contiene el zumo de limón. Salpimentar, añadir un buen chorro de aceite y remover.

– Poner en una sartén grande el otro limón, lavado y cortado en 5 trozos en forma de gajos, y las dos rodajas de atún. Verter la salsa preparada anteriormente, añadir el perejil picado y cocer 10 min. a fuego medio.

– Retirar los trozos de limón y darle la vuelta al pescado, continuando la cocción durante unos minutos.

Salmonetes a la livornesa

INGREDIENTES para 4 personas: 600 g de salmonetes • 200 g de tomate a rodajas • 1 diente de ajo • 1 manojo grande de perejil • aceite de oliva virgen extra • 1 pizca de orégano • sal

– Limpiar los salmonetes, lavarlos y salarlos.

– Verter en una cazuela un chorro de aceite, dorar el diente de ajo pelado y añadir las rodajas de tomate.

– Incorporar los salmonetes y retirar el ajo.

– Espolvorear el pescado con el perejil lavado y picado y una pizca de orégano.

– Cocerlo 10 min. en el horno a 180 ºC.

Huevos

211

Tortilla de espárragos

INGREDIENTES para 4 personas: 5 huevos • 1 caja de puntas de espárrago congeladas • aceite de oliva virgen extra • sal • pimienta

– Romper los huevos, verterlos en un plato hondo, salpimentarlos y batirlos con un tenedor.

– Sacar los espárragos de la caja, ponerlos en un colador y pasarlos bajo el chorro de agua templada para que se desprendan unos de otros.

– Cortarlos a trocitos, eliminando la parte dura, y ponerlos en una sartén, donde previamente se habrá vertido un buen chorro de aceite: salar muy poco y cocer unos 10 min.

– Echar los huevos batidos, tapar la sartén, moviéndola a menudo para evitar que los huevos se peguen al fondo, y cocer 5 min.

– Darle la vuelta a la tortilla con ayuda de la tapadera y pasarla a un plato.

Tortilla de alcachofas

INGREDIENTES para 4 personas: 6 huevos • 10 alcachofas • 2 dientes de ajo • 1 manojo de perejil • 1/2 limón • aceite de oliva virgen extra • sal • pimienta

– Quitar a las alcachofas las hojas más duras, cortarlas rodajas y dejarlas en remojo con el zumo de limón durante 15 min.
– Echarlas en una olla con agua salada hirviendo, cocerlas menos de 10 min. y escurrirlas.
– Verter aceite en una sartén, dorar los 2 dientes de ajo pelados, añadir las alcachofas y remover despacio a fuego medio.
– Batir los huevos en un plato, añadiendo una pizca de sal, pimienta y el perejil lavado y picado.
– Echarlo todo a la sartén, distribuyendo el huevo sobre todos los trozos de alcachofa, y remover despacio.
– Tapar la sartén y cocer a fuego medio hasta que el huevo se cuaje.
– Poner la tortilla en un plato y servirla.

Tortilla de queso

INGREDIENTES para 4 personas: 8 huevos • 200 g de queso tipo fontina • 1 cucharada de queso parmesano rallado • aceite de oliva virgen extra • sal • pimienta

– Cortar el queso a taquitos; romper los huevos y batirlos enérgicamente con un tenedor en un plato hondo. Salpimentar ligeramente y añadir el parmesano rallado.

– Calentar un buen chorro de aceite en una sartén, y echar los huevos batidos y el queso a taquitos, moviendo continuamente la sartén para que los ingredientes no se peguen al fondo.

– Darle la vuelta a la tortilla con ayuda de la tapadera y pasarla a un plato.

– Servir enseguida.

Tortilla de puerros

INGREDIENTES para 4 personas: 5 huevos • 4 puerros grandes • aceite de oliva virgen extra • sal • pimienta

– Limpiar los puerros, lavarlos y cortar a rodajitas finas sólo la parte blanca.

– Romper los huevos, verterlos en un plato hondo, salpimentarlos y batirlos con un tenedor.

– Echar las rodajitas de puerro en una sartén con un buen chorro de aceite y cocerlos a fuego lento unos 8 min.

– Incorporar los huevos y cocer 5 min. más con la sartén tapada. Mover ésta a menudo para evitar que el huevo se pegue al fondo.

– Darle la vuelta a la tortilla con ayuda de la tapadera y pasarla a un plato.

Huevos a la italiana

INGREDIENTES para 4 personas: 4 huevos • 700 g de tomates pelados • 200 g de mozzarella troceada • 100 g de aceitunas verdes • aceite de oliva virgen extra • sal • pimienta

– Verter un chorro de aceite en una sartén, con los tomates.
– Cocerlos 30 min. a fuego medio.
– Romper los huevos, ponerlos en un plato hondo y batirlos con un tenedor.
– Calentar el tomate y, cuando alcancen el punto de ebullición, verter los huevos. Salpimentar y cocer 3 min. Añadir las aceitunas y la mozzarella. Cocer 1 min. más a fuego medio y pasarlo a una fuente ligeramente cóncava.

Huevos con crema de verduras

– Después de pelar y lavar todas las verduras, trocearlas y cocerlas juntas, con un buen chorro de aceite, en una cazuela tapada.

INGREDIENTES para 4 personas: 8 huevos • 400 g de tomates rojos de pera • 1 trocito de mozzarella • 1 cebolla grande • 1 zanahoria • 1 rama de apio • 1 manojo de perejil • 1 manojo de albahaca • aceite de oliva virgen extra • sal • pimienta

– Cocerlas a fuego muy lento durante 30 min. y, a continuación, reducirlas a una crema utilizando el pasapurés.

– Verter la crema obtenida en una cazuela grande, salpimentarla y cocerla un poco más hasta que se cuaje.

– En ese momento, romper los huevos, ponerlos en el centro de la cazuela, salarlos y cocerlos a fuego lento.

– En cuanto estén cocidos, adornar el borde de la cazuela con las rodajitas de mozzarella, previamente cortadas.

– Servir enseguida, procurando no romper los huevos.

Huevos duros con jamón

INGREDIENTES para 4 personas: 4 huevos • 100 g de jamón • 70 g de pepinillos • 1 pimiento verde en vinagre • 1 achicoria • mayonesa • sal

– Sumergir los huevos en una cazuela llena de agua fría y hervirlos hasta que estén duros (8 min. desde que el agua empieza a hervir).

– Pelarlos y, en cuanto estén fríos, cortarlos por la mitad a lo largo.

– Extraer las yemas, ponerlas en un plato y chafarlas con un tenedor. Añadir los pepinillos, el pimiento y el jamón picados, sal y mayonesa. Mezclar bien y rellenar los medios huevos.

– Colocar los huevos rellenos en una fuente, sobre un lecho de achicoria.

– Sacarlos a la mesa.

Huevos duros con atún

– Limpiar la lechuga, lavarla y escurrir sólo las hojas más grandes, que se utilizarán como base de los huevos en la fuente.

INGREDIENTES para 4 personas: 4 huevos • 1 lechuga • 70 g de pepinillos en vinagre • 1 cucharada de alcaparras en vinagre • 1 lata pequeña de atún

– Sumergir los huevos en una cazuela con abundante agua fría y hervirlos hasta que estén duros (8 min. desde que el agua empieza a hervir).

– Pelarlos y dejarlos enfriar. Cortarlos por la mitad a lo largo.

– Picar juntos los pepinillos, las alcaparras, el atún y las yemas de los huevos, después de separar éstas de las claras. Mezclarlo todo en un bol y rellenar los medios huevos con la pasta obtenida.

– Colocar las hojas de lechuga en una fuente y, sobre éstas, los medios huevos. Antes de servir, dejar el plato un rato en el frigorífico.

Huevos revueltos

INGREDIENTES para 4 personas: 6 huevos • 600 g de judías verdes carnosas y sin hilos • 500 g de tomates de pera • 1 trocito de cebolla • 2 dientes de ajo • 1 manojito de salvia • 1 cacito de caldo de cubito • aceite de oliva virgen extra • sal • pimienta

– Romper los huevos, verterlos en un plato hondo y removerlos un poco. Salarlos muy poco.

– Limpiar las judías, lavarlas, echarlas en una olla con agua salada hirviendo, cocerlas unos 10 min. y escurrirlas.

– Cortarlas por la mitad.

– Si se utilizan tomates frescos, escaldarlos y pelarlos; si son en conserva, escurrirlos bien.

– Dorar la cebolla, con la salvia y el ajo, en abundante aceite. Retirar el ajo y echar las judías. Esperar un momento e incorporar los tomates, chafados con un tenedor, reduciéndolos casi a una salsa. Salpimentar y continuar la cocción durante unos 30 min. a fuego lento, añadiendo el caldo si es necesario.

– Verter los huevos y remover continuamente, de manera que queden desmenuzados, pero no demasiado.

Huevos «supermán»

– *Fundir la mantequilla en una cazuela de barro. Verter los huevos, removerlos un poco y echar una pizca de sal.*

INGREDIENTES para 4 personas: 4 huevos • 1 trocito de mozzarella • un poco de mantequilla • sal

– *Cortar la mozzarella a lonchitas muy finas y ponerlas sobre los huevos, cubriéndolos por completo.*

– *Espolvorear la mozzarella con un poco de sal. Cuando ésta empiece a fundirse, el plato está en su punto.*

NOTA: Es un plato sencillísimo y rápido de preparar, pero muy nutritivo.

Índice de las recetas

PRIMEROS PLATOS

Bombolotti al Turiddu, 5
Conchiglie con salsa de apio, 6
Conchiglie con brécoles, 7
Conchiglie verdes, 8
Farfalline con zanahorias, 9
Fusilli con alcaparras y «rucola», 10
Fusilli con alcachofas, 11
Fusilli con nabos, 12
Lasagnette de Mercurio, 13
Linguine con salsa de espárragos, 14
Linguine a la griega, 15
Maccheroncini aromatizados, 16
Maccheroncini a la campesina, 17
Mezze pennette de Cenicienta, 18
Orecchiette del Comandante, 19
Orecchiette con judías verdes, 20
Orecchiette de Jacobo, 21
Orecchiette de Rubén, 22
Orecchiette con «rucola», 23
Penne floridas, 24
Penne con guisantes, 25
Penne con salsa de calabacines, 26
Penne y calabacines asados, 27
Rigatoni a la mejorana, 28
Rigatoni con berenjenas, 29
Rigatoni en salsa, 30
Espaguetis del Alto Adigio, 31
Espaguetis «Bella Nápoles», 32
Espaguetis a la italiana, 33
Espaguetis de Liana, 34
Espaguetis «Milleluci», 35
Espaguetis con pimientos, 36
Espaguetis pobres pero buenos, 37
Espaguetis «primavera», 38
Espaguetis de Sergio, 39
Espaguetis tres colores, 40
Strozzapreti, 41
Strozzapreti estilo Carrà, 42
Arroz «Viale Paolo Guidi», 43
Arroz con espárragos, 44
Arroz belga, 45
Arroz con alcachofas, 46
Arroz al horno, 47
Arroz con calabacines, 48
Ñoquis al falso pesto, 49
Ñoquis a la salvia, 50
Ñoquis sencillísimos, 51
Polenta de Miriam, 52
Sopa de escanda, 53
Gachas de Foggia, 54
Sopa de Austria, 55
Sopa de setas, 56
Sopa «a la antigua», 57

Habas y achicoria de Sarina, 58
Gazpacho de Danilo, 59
Ensalada de mediodía, 60
Festival del huerto, 61
Patatas picantes, 62
Tomates con arroz, 63
Cazuela blanca y roja, 64
Cazuela de patatas «rústicas», 65

PIZZAS

Pasta base para pizza, 69
La «focaccia», 69
Lieben pizza, 70
Pizza del bosque, 71
Pizza Popeye, 72
Pizza con alcachofas y espárragos, 73
Pizza con judías verdes, 74
Pizza Manfredonia, 75
Pizza con berenjenas, 76
Pizza «festival del huerto», 77
Pizza con pimientos, 78
Pizza con tomate, 79
Pizza tortuga, 80
Pizza tricolor, 81
Pizza Trinacria, 82
Pizza con calabacines, 83

PLATOS «COMODÍN»

Crudités, 87
Menestra de verduras, 88
Crema fría de verduras, 89
Crema de guisantes con alcachofas, 90
Crema del sol, 91
Sopa de coliflor oscura, 92
Sopa de la salud, 93
Sopa verde, 94
Potaje florido, 95
Ensalada de alcachofas, 96
Ensalada de pueblo, 97
Verduras a la parrilla, 98
Revoltillo de verduras al horno, 99
Calabacines de Caterina, 100
Calabaza picante, 101
Tomates rellenos, 102
Hinojos «alla arrabbiatta», 103
Alcachofas a la romana, 104
Champiñones al limón, 105
Picadillo de cardos, 106

El tentempié de mediodía, 107

CARNES

Solomillo al perejil, 113
Chuletas al limón, 114
«Involtini» de carne con alcachofas, 115
Estofado con verduras, 116
Pierna de ternera al estilo de Sergio, 117
Estofado de ternera con judías peronas, 118
Ossobuco con verduras, 119
Bistecs al gorgonzola, 120
Filetes de ternera rellenos, 121
Escalopes al perejil, 122
«Involtini» de carne con anchoas, 123
Sándwiches de ternera, 124
Estofado perfumado, 125
Chuletas de ternera aromatizadas, 126
Solomillo con «rucola», 127
Bistecs a la cazadora, 128

Pastel de carne, 129
Buey a la albahaca, 130
Buey a la páprika, 131
Solomillo al limón, 132
Guisado de cerdo con alcaparras, 133
«Involtini» de Enzo, 134
Costillas al estilo de Augusto, 135
Muslitos de pollo al romero, 136
Pollo con pimientos, 137
Pechuga de pollo en salsa, 138
Pollo y pimientos en blanco, 139
Pollo Princesa, 140
Delicias de pollo, 141
Pechugas de pollo con hinojos, 142
Pollo a la crema, 143
Pollo estilo colabucci, 144
Conejo a la cazadora, 145
Conejo en salsa roja, 146
Conejo con lechuga, 147
Pavo guisado, 148
Albóndigas de pavo, 149
Cordero con guisantes, 150
Costillas de cordero en salsa de aceitunas, 151
Pierna de cordero con hortalizas, 152
Faisán a la cazadora, 153
Tripa estilo Luigina, 154
Hígado con cebollitas, 155
Hervido caprichoso, 156
Pinchitos de carne a la parrilla, 157

GUARNICIONES DE VERDURAS

Sopa de Raffaella, 158
Caldo estrellado, 159
Barquitas de Romilda, 160
Cestitos de pimiento, 161
Habas salteadas, 162
Habas a la toscana, 163
Champiñones rellenos, 164
Parrillada apetitosa, 165
Ensalada campestre, 166
Ensalada 18 de junio, 167
Ensalada Soca dance, 168
Menestra de calabaza y habas, 169
Albóndigas de Federica, 170
Albóndigas de calabacín, 171
Tres gustos, 172

PESCADOS

Calamares rellenos, 175
Mejillones con hierbas aromáticas, 176
Ensalada de pulpo y aceitunas, 177
Calamarcitos Porto Santo Stefano, 178
Pulpitos rehogados, 179
Pulpitos del Valle, 180
Pulpo en «rojo», 181
Sepias al estilo de Enzo, 182
Sepia tricolor, 183
Ensalada de sepia, 184
Tellinas, mejillones y almejas en salsa, 185
Galeras «romañolas», 186
Colas de cigala al enebro, 187
Cangrejos guisados, 188
Cigalas al horno, 189
Ensalada «Alegría», 190
Ensalada intrigante, 191
Pinchitos de cigala, 192
Boquerones a la sal, 193

Bacalao marinado, 194
Filetes de pescadilla con calabacines, 195
Filetes de lenguado y berenjena, 196
Filetes de salmonete «Sirtaki», 197
Besugos «a la papillote», 198
Ensalada variada, 199
Caballa con aceitunas verdes, 200
Rape con zanahorias y guisantes, 201
Platijas Purella, 202
Pez de San Pedro en salsa, 203
Sargo a la marinera, 204
Lenguados con mantequilla, 205
Pinchitos de pescado variado, 206
Lubina «rubí», 207
Pejepalo «Renato», 208
Atún al limón, 209
Salmonetes a la livornesa, 210

HUEVOS

Tortilla de espárragos, 213
Tortilla de alcachofas, 214
Tortilla de queso, 215
Tortilla de puerros, 216
Huevos a la italiana, 217
Huevos con crema de verduras, 218
Huevos duros con jamón, 219
Huevos duros con atún, 220
Huevos revueltos, 221
Huevos «supermán», 222

Notas personales

Las páginas siguientes te servirán para registrar tu peso diario y las mejoras que vayas consiguiendo, así como para anotar las transgresiones que cometas.

LUNES

MARTES

MIÉRCOLES

JUEVES

VIERNES

SÁBADO

DOMINGO

LUNES

MARTES

MIÉRCOLES

JUEVES

VIERNES

SÁBADO

DOMINGO

LUNES

MARTES

MIÉRCOLES

JUEVES

VIERNES

SÁBADO

DOMINGO

LUNES

MARTES

MIÉRCOLES

JUEVES

VIERNES

SÁBADO

DOMINGO

LUNES

MARTES

MIÉRCOLES

JUEVES

VIERNES

SÁBADO

DOMINGO

LUNES

MARTES

MIÉRCOLES

JUEVES

VIERNES

SÁBADO

DOMINGO

LUNES

MARTES

MIÉRCOLES

JUEVES

VIERNES

SÁBADO

DOMINGO

LUNES

MARTES

MIÉRCOLES

JUEVES

VIERNES

SÁBADO

DOMINGO